スポーツツーリズム・ハンドブック

Sport Tourism Handbook

一般社団法人
日本スポーツツーリズム推進機構 編

学芸出版社

はじめに

　「スポーツツーリズム」は、スポーツで人を動かす仕組みづくりのことですが、わが国において、この言葉に対する認知度はきわめて低い状況でした。筆者が2005年12月16日にグーグル検索を試みたところ、英語の"tourism"のヒット数は1億4200万件あり、"sport tourism"のヒット数は、約1割の1450万件でした。それに対し、日本語の「スポーツツーリズム」のヒット数はわずか211件とほとんどなきに等しい数字でしたが、2015年1月28日現在では、「スポーツ観光」が329万件、「スポーツツーリズム」が128万件のヒット数になるなど、過去10年間で、スポーツツーリズムに対する認知度は大きく高まりました。

　その一方、長期休暇が制度化され、旅行者の多くがスポーツを楽しんできた欧米では、スポーツツーリズムに対し、早くから注目が集まっていました。1980年代には、スポーツツーリズムに関する研究が徐々に活発化し、1993年には、スポーツツーリズムの研究誌である"*Journal of Sport & Tourism*"が創刊され、90年代後半には、研究によって蓄積されたナレッジ（知識）を体系化した教科書が発行されるようになりました。これによって、高等教育におけるカリキュラム化が進み、スポーツツーリズム分野の人材養成が始まりました。

　日本においてスポーツツーリズムに関する取り組みが本格化するのは、2005年に社団法人日本ツーリズム産業団体連合会（TIJ）▷用語集 が開催した「ツーリズムサミット2005」で、「スポーツとツーリズム」がテーマとして設定されたころからです。本サミットでは、旅行業界とスポーツ業界の連携のなかで、スポーツ体験型イベント、スポーツ観戦、国際大会の誘致などを進める狙いがありましたが、講師の一人として参加した筆者も、500名という参加者の多さと会場の熱気から、スポーツツーリズムの将来的な発展を予感しました。

　その後日本では、2007年に観光立国推進基本法 ▷用語集 が制定され、翌年の2008年には観光庁が創設されました。これを機に、観光産業の育成をオールジャパンで推進する体制が整い、その後のスポーツツーリズムを推進する基盤が築かれました。2010年には観光庁でスポーツツーリズムが提唱され、2011年のスポーツツーリズム推進連絡会議 ▷用語集 の設置と2012年のスポーツツーリズム推進基本方針 ▷用語集 の策定、そして（一社）日本スポーツツーリズム推進機構（JSTA）の設立と、一連の流れのなかで認知度が高まっていきました。さらに観光立国推進基本計画 ▷用語集（2012年）とスポーツ基本計画 ▷用語集（2012年）のなかにスポーツツーリズムの文言が使用されたこともそれ以後の動きを加速化させる要因となりました。

本書の目的は、新しい概念であるスポーツツーリズムの、日本における知識体系の教科書化にあります。前述したように、スポーツツーリズム推進基本方針に沿ってJSTAが設立されたが、人材養成は、スポーツコミッションの設立支援とともにJSTAの中核事業の一つになっています。今後スポーツツーリズムがさらなる発展を遂げるには、その業界を熟知した人材の養成が必要です。前述の「スポーツ基本計画」においても、「3. 住民が主体的に参画する地域のスポーツ環境の整備」のなかの(2)地域のスポーツ指導者等の充実において、「国及び地方公共団体は、大学、スポーツ団体及び企業等と連携して、スポーツツーリズムや観光によるまちづくりに関する専門的知識を有する人材の育成」を行うことを促進するとともに、(4)地域スポーツと企業・大学等との連携において、「国及び地方公共団体は、例えばスポーツツーリズムによる地域の活性化を目的とする連携組織（いわゆる『地域スポーツコミッション』）等の設立を推進するなど、スポーツを地域の観光資源とした特色ある地域づくりを進めるため、行政と企業、スポーツ団体等との連携・協働を推進する」といった具体的施策が述べられています。よって、国の指針としての人材養成と、スポーツツーリズムを熟知した人材が働く場所としてのスポーツコミッション的な組織の設立は急務です。

　本書は、これからスポーツツーリズムを学ぶ、学生や社会人の入門書として刊行されるもので、専門学校や大学、そして誘致や主催に関わる地元の方々、ツアーの造成に関わる旅行社の方々が最初に学ばれる本としての活用が期待されます。スポーツツーリズムには、スポーツを「観る」「する」ための旅行やスポーツを「支える」人々との交流、スポーツが楽しめる隠れた地域資源の発掘と魅力化、そしてスポーツイベントの誘致やインバウンド観光の促進など、多様な視点を盛り込んだ「スポーツによって人が動く仕組みづくり」の構築が必要となります。今後本書が、スポーツツーリズムを支える人材養成と、全国的なスポーツと観光の振興に貢献できれば、それは筆者らの望外の喜びです。

2015年6月30日
早稲田大学／一般社団法人日本スポーツツーリズム推進機構代表理事　原田宗彦

Contents

はじめに 3

第1章
スポーツツーリズムとは何か ……11

1 スポーツツーリズムの今 12
1. スポーツツーリズムの広がり 12
2. スポーツツーリズムができること 15
3. するスポーツツーリズムの現状 16
4. 観るスポーツツーリズムの現状 18

2 スポーツツーリズムのこれから 20
1. スポーツイベントの発達とツーリズム 20
   - (1) スポーツイベントの類型化 20
   - (2) スポーツイベントを誘致する組織 21
   - (3) 観光地をマネジメントする組織：DMO 23
2. 国際化するスポーツツーリズム 24
   - (1) オリンピックとスポーツツーリズム 24
   - (2) ラグビーワールドカップとスポーツツーリズム 25
   - (3) 英国プレミアリーグとツーリズム 26
   - (4) 大リーグキャンプとツーリズム 26

第2章
スポーツツーリズムには誰が関係しているのか ……29

1 スポーツイベントとツーリズムの基本構造 30
1. スポーツツーリズムの基本的機能 30

2. 旅行目的としてのスポーツアトラクション　31
(1) 地域資源を活用したスポーツイベント　31
(2) アウトドアスポーツの可能性　32

3. するスポーツにツーリストが求める経験　33
(1) スポーツツーリストの顧客経験価値　33
(2) トライアスロン参加者の参加動機　33
(3) その他のエンデュアランス（持久性）スポーツ　35

4. 観るスポーツイベントに参加するスポーツツーリスト　36
(1) Jリーグのアウェイサポーター　36
(2) アウェイサポーターの実態　38
(3) 大規模スポーツイベントの観戦者　39

2　必要なのはマーケティングの発想　42

1. なぜマーケティングが必要なのか　42
2. マーケティングという考え方　42
3. ターゲットを明確にする　44
(1) スポーツツーリズム市場の調査と分析　44
(2) ターゲットの設定　45

4. マーケティング・ミックスの四つのP　46
5. マーケティングの発想を取り入れた事例　48
(1) ターゲットに合わせた情報提供　48
(2) ターゲットに合わせたサービス提供のタイミング　49
(3) 無形のプロダクトのコンテンツを伝える工夫　51

第3章
スポーツツーリストはどのように行き先を決めているか　53

1　スポーツツーリストの意思決定メカニズム　54

1. スポーツツーリストの意思決定　54
2. スポーツツーリストの意思決定モデル　55
3. スポーツツーリスト行動モデルの進展　57
(1) スポーツツーリスト行動のAIDMAモデル　57
(2) スポーツツーリスト行動のAISASモデル　58
(3) スポーツツーリスト行動のAIDEESモデル　58

4. 経験経済と経験価値マーケティング　59

2　スポーツデスティネーション　62

1. スポーツデスティネーションと地域への愛着　62
(1) スポーツデスティネーションとは何か　62
(2) スポーツツーリストのデスティネーション・イメージ　62
(3) デスティネーション・イメージと地域愛着　64

2. スポーツデスティネーションの現状　65
(1) アトラクション　65
(2) リゾート　66
(3) ツアー　66
(4) イベント　67

3　インバウンド旅行者　68

1. 訪日外国人旅行者の動向　68
2. スキーリゾートにおける外国人スポーツツーリストの行動　68

第4章
スポーツイベントのマネジメント　71

1　スポーツイベント業　72

1. イベント産業とは　72
2. イベントの波及効果　74
3. スポーツ産業界とイベント　75

2　スポーツイベントの構造　77

1. スポーツイベントの種類　77
2. スポーツイベントの分類　79
3. スポーツイベントの構成要素　79

3　スポーツイベントのコンテンツ制作　81

1. スポーツイベントのアイデア発想　81
2. スポーツイベント企画の作成法　82
(1) スポーツ化　83
(2) フィールド化　83
(3) モダン化　84
3. スポーツイベントの企画書作成　84

4 スポーツイベントのプロデュース　86
1. スポーツイベント制作の組織　86
2. スポーツイベントのプロデュース　87
3. スポーツイベントとプロジェクトマネジメント　88
(1) 立ち上げプロセス（企画段階：企画開発、組織結成など）　90
(2) 計画プロセス（計画段階：基本計画、制作準備など）　90
(3) 実行プロセス（制作・実施段階：本番の実施と運営など）　90
(4) 監視コントロールプロセス（制作・実施段階：推進チェックと改善など）　90
(5) 終結プロセス（収束段階：報告、組織解散など）　91

5 スポーツイベントの評価　92
1. スポーツイベントの定義　92
2. スポーツイベント制作の目的　93
3. スポーツイベントにおける成功とは　94

第5章
スポーツイベントツアーのマネジメント　…………97

1 スポーツイベントツアーの形態　98
(1)「する」スポーツイベントツアー　99
(2)「観る」スポーツイベントツアー　99
(3) 支える（育てる）スポーツイベントツアー　100

2 スポーツイベントツアー商品造成の計画立案　101
1. 旅行業務　101
2. スポーツイベントツアー商品造成に必要な要素　101
3. スポーツイベントツアー形態別の必須要素と留意点　102
(1)「する」スポーツイベントツアー：事例）マラソン大会参加ツアー　102
(2)「観る」スポーツイベントツアー：事例）オリンピック競技大会観戦ツアー　103
(3)「支える（育てる）」スポーツイベントツアー：事例）スポーツボランティア募集　104
4. スポーツイベントツアー商品造成と販売の留意点　104
(1)「する」スポーツイベントツアー商品　104
(2)「観る」スポーツイベントツアー商品　105
(3)「支える（育てる）」スポーツイベントツアー商品　106

3 スポーツイベントツアーのリスクマネジメント　108

1. スポーツイベントツアー形態別リスク要因　108
    (1)「する」スポーツイベントツアーの主なリスク　108
    (2)「観る」スポーツイベントツアーの主なリスク　108
    (3)「支える（育てる）」スポーツイベントツアーの主なリスク　109
    (4) 権利関係のリスク　109

  2. リスクの軽減　110

 4　旅行・観光業の役割、課題　111

第6章
地域活性化とスポーツツーリズム　113

  1. 受け入れ自治体からみたスポーツツーリズム　114
  2. 活性化の核となるスポーツコミッションの役割　117
  3. スポーツツーリズムによる地域のブランディング　120

用語集　124
参考文献　127
索引　130
おわりに　132

第1章
スポーツツーリズムとは何か

まえばし赤城山ヒルクライム大会〔提供：前橋スポーツコミッション〕

1 スポーツツーリズムの今

1. スポーツツーリズムの広がり

　2020年夏季オリンピック・パラリンピック大会の東京開催が決定して、「スポーツツーリズム」という言葉をよく耳にするようになりました。スポーツ資源とツーリズムを融合する取り組みで、学術的な定義はさまざまですが、スポーツ参加や観戦を目的とした旅行と、それらを実践する仕組みや考え方と捉えられています。また、「する」「観る」スポーツだけではなく、スポーツをボランティアとして「支える」といった視点から、スポーツにおける「ボランティアツーリズム」という考え方も見られるようになってきました。観光庁スポーツツーリズム推進基本方針（2011）では、スポーツツーリズムを以下のように説明しています。

> 　スポーツ資源とツーリズムとの融合を図っていく取り組みであり、スポーツを「観る」「する」ための旅行そのものや周辺地域観光に加え、スポーツを「支える」人々との交流、あるいは生涯スポーツの観点からビジネスなどの多目的での旅行者に対し、旅行先の地域でも主体的にスポーツに親しむことのできる環境の整備、そして MICE 推進の要となる国際競技大会の招致・開催、合宿の招致も包含した、複合的でこれまでにない「豊かな旅行スタイルの創造」を目指すもの。

　※：MICE とは、Meeting、Incentive travel、Convention、Exhibition/Event の頭文字をとった、集客が見込まれるビジネスイベントの総称

　これまで、日本に限らず世界的にも、スポーツとツーリズムはレジャー活動の中心的な活動として、人々を惹きつける魅力を持つ近い領域であるにもかかわらず、それぞれの領域で独自に発展してきました。そのため、二つの領域を統合した市場や産業、事例やその理解、研究などの蓄積が乏しく、スポーツツーリズムは新しい分野だと考えられています。世界では1987年といった比較的早い時期に、イスラエルで開催された学会でスポーツツーリズムという言葉が公式に使われました。重要なターニングポイントとなったのは2001年にスペインバルセロナ市で開催された世界観光機関（UNWTO：現在の国連世界観光機関）と国際オリンピック委員会（IOC）によるスポーツとツーリズムの国際会議でしょう。スポーツとツーリズム、それぞれの領域を国際的にリードする団体同士がスポーツとツーリズムが密接に関連していることを確認しあった大きな節目と考えられます。とくに、オリンピックやサッカー W 杯、世界陸上競技選

手権大会のようなメガスポーツイベントの開催時に、開催国をはじめ、世界中からの多くのビジター（訪問者）が訪れ交流人口が増加することや、それにともない、大きな経済波及効果が生まれることに注目が集まりました。スポーツツーリズムが世界中で注目を集める背景の大きな要因の一つには、このような地域経済への好影響が期待される点にあります。

　一方、日本では1990年代ごろから、主にスポーツの領域で学術的な側面からスポーツツーリズムが取り上げられ始めました。スポーツツーリズムやスポーツツーリストを対象とするというよりは、「スポーツ参加者」に対して「ツーリズムの考え方」を当てはめて、宿泊や移動をともないながらマラソンイベントやウオーキングイベントに参加する人々の特徴やスポーツ参加行動をより詳しく理解しようとしたのがこのころです。アメリカハワイ州のホノルルマラソンや鹿児島県指宿市のいぶすき菜の花マラソン ▷用語集 、埼玉県東松山市で開催されている日本スリーデーマーチ ▷用語集 参加者などを対象に調査したことで、長距離の移動や宿泊といった「旅行の要素」を持つスポーツ参加者がいることが証明されました。その後、学術的な研究が積み重ねられることで、日本人スポーツツーリストの特徴が明らかになっていきました。

　社会現象としては、古くは海水浴ブーム、映画「私をスキーに連れてって」が火をつけたスキーブームなどが日本でのスポーツツーリズムの代表例ですが、スポーツというよりはレジャーと表現したほうが適切かもしれません。比較的近年では、野茂英雄氏やイチロー選手のアメリカ・メジャーリーグベースボール（MLB）への移籍、中田英寿氏を皮切りにした日本人プロサッカー選手の海外リーグへの移籍にともなう観戦ツアーが組まれたことがあげられます。また、サッカー日本代表チームの活躍も大きなスポーツ観戦ブームを招きました。2002年日韓共催サッカーW杯においては、海外から日本を訪れる観戦者の「インバウンドツーリズム（外国人の訪日旅行）」が注目を集めました。韓国との共催ということもあり、韓国からの入国者数は前年比12.2％増の127万人、訪日外国人数全体では前年比9.8％増で524万人と過去最高を記録しました。しかしながら、同年のアウトバウンドツーリズム（日本人の海外旅行）にあたる日本人出国者数は1652万人でインバウンドの3倍にのぼり、アウトバウンドとインバウンドの格差を再確認することにもなりました。このころから、メガスポーツイベント前のトレーニングキャンプ地や大会期間中の合宿拠点の誘致、試合会場の招致によるインバウンドツーリズムを活用した「スポーツによるまちづくり」という考え方が関心を集めるようになりました。

　スポーツによるまちづくり、スポーツによる都市経営の実践事例は、アメリカに数多く見られる「スポーツコミッション」が参考になります。アメリカでは、観光、展示会や会議、スポーツイベントやプロスポーツチームの誘致、それにともなうスポーツ施設建設などは都市計画や都市の経営と密接に関係しています。都市計画そのものがビジター誘致や交流人口の増加を目的としているケースも珍しくありません。その中心的な役割を担うのが、日本でもさいたま市を皮切りに大阪を中心とした関西圏、佐賀県、新潟市、沖縄県、十日町市などで設立され始めたスポーツコミッション（Sports Commission）やコンベンションビューロー（Convention Bureau）

と呼ばれるデスティネーション（旅行目的地）・プロモーションを行う組織です。欧米諸国では、デスティネーション・マーケティング／マネジメント・オーガニゼーション（Destination Marketing/Management Organization：DMO）と呼ばれる組織が各地域に存在し、戦略的に地域のブランディング、プロモーション、ビジターの誘致や受け入れ、観光事業計画や資源／商品開発に関する活動を実施しています。このようなDMOの一つがスポーツコミッションだと考えられます。2019年に開催が決定したラグビーワールドカップ2019、2020年東京オリンピック・パラリンピック競技大会、2021年に関西で開催されるワールドマスターズゲームズ2021など、国際的規模のスポーツイベントの開催を控え、試合開催地やトレーニングキャンプ地誘致を目指し、日本の地方自治体がスポーツコミッション設立を進めています（第6章参照）。

このような地域での取り組みを支えるのが「観光立国を目指す」と宣言した政府と民間組織です。日本では、国家戦略として観光立国が位置づけられるようになったのは比較的最近のことです。経済団体連合会（以下、経団連）が2000年10月に「21世紀のわが国観光のあり方に関する提言」を発表すると、「国家的課題としての観光（日本経済調査協議会、2002年6月）」「外国人が『訪れたい、学びたい、働きたい』日本となるために（経済同友会、2002年10月）」といった提言が民間により相次いでなされました。国策としての観光立国施策検討の契機は、「グローバル観光戦略（国土交通省、2002年12月）」の公表、小泉元内閣総理大臣による「観光立国懇談会（2003）」の設置とそれによる「観光立国懇談会報告書」です。その後「ビジット・ジャパン・キャンペーン（2003年4月）」、観光立国担当大臣設置（2003年9月）、2010年までの訪日外国人1千万人の数値目標設置（2005年）、観光立国推進基本法 ▷ 用語集 （2007年1月）、観光立国推進基本計画（2007年6月）、観光庁設置（2008年10月）と、急速に観光立国を推進してきました。

2010年には観光立国推進基本計画に①スポーツ観光、②医療観光、③ファッション・食・映画・アニメの3領域が加えられました。また、同年5月には観光庁をはじめとする関係省庁、スポーツ団体、観光団体、スポーツ関連企業、旅行関係企業、学識経験者、メディアなどから構成された「スポーツツーリズム推進連絡会議」が設置され、「スポーツツーリズム推進基本方針（2011年6月）」が策定されました。また、2012年4月には「一般社団法人日本スポーツツーリズム推進機構（Japan Sport Tourism Alliance：JSTA）」が設立されました。JSTAには、自治体やスポーツ団体などの法人会員や個人会員を合わせて180の会員が登録し、スポーツツーリズム推進の官民連携ハブとなることを目指し、スポーツによる地域づくりを進めるため会員相互の交流促進、ノウハウや先進事例の共有、人材育成、そして海外に向けた「スポーツデスティネーション日本」のプロモーションに取り組んでいます。JSTAの活動は表1・1のとおりです。

2013年に訪日外国人旅行者数約1036万人を達成し、「2020年東京オリンピック・パラリンピック競技大会」の開催を契機に、訪日外国人旅行者数2000万人を達成することを目指して「観光立国実現に向けたアクション・プログラム2014 ▷ 用語集 （観光立国推進閣僚会議、2014年6

表 1・1　JSTA の活動（2014 年度）

- 商談会の開催（スポーツツーリズム・カンファレンス、スポーツツーリズム・コンベンション）
- スポーツコミッションの設立支援
- 海外スポーツコンベンションへの参加（Sport Accord、City Events）
- 海外関係機関との提携（NASC：National Association of Sports Commissions、CSTA：Canadian Sport Tourism Alliance）
- 国内スポーツイベントの海外への PR（マラソンジャパン：韓国ソウルにて開催）
- 地域セミナーの開催
- 調査研究事業
- 表彰事業（スポーツツーリズム賞、スポーツとまちづくり賞）
- 委員会の継続開催（観光地域づくり、旅行商品造成、広報・情報発信、施設魅了化・規制緩和、国際交流・大会等誘致、人材育成）
- オリンピック・パラリンピック対策特別委員会の設置

〔出典：一般社団法人日本スポーツツーリズム推進機構（JSTA）未出版資料および事業報告書〕

月）」が策定されましたが、訪日客数は 2016 年に 2400 万人、2018 年には 3100 万人を超え、スポーツツーリズムを含む観光はわが国の成長戦略の柱としてますます期待されています。オリンピック・パラリンピックを契機に訪日する外国人旅行者受け入れの環境整備の一環として、バリアフリー化の加速が提言されています。日本社会の高齢化ももちろんですが、夏季パラリンピック大会時には多くのパラリンピアンが訪日することから、障がい者への対応も必要となります。政府は、個々の箇所のバリアフリーではなく、目的地への移動も考慮した線的・面的なハード面のバリアフリーとソフト面の心のバリアフリーを提言しています。障がいがあるスポーツ競技者だけではなく、障がいがある人々が移動や旅をしながらスポーツに参加し、観戦を楽しむ環境づくりが求められるでしょう。また、日常生活圏から離れたボランティア活動を休暇に組み入れた「ボランティアツーリズム」や、健康を回復・保持・増進する観光の形態である「ヘルスツーリズム」も、スポーツツーリズムと連携すべきテーマとして今後の推進が期待されます。

2. スポーツツーリズムができること

　観光立国を目指すという大きな視点としてみた場合、スポーツを通じた日本の豊かな自然資源を活用し、世界でも存在感の増してきた日本のスポーツを PR し、国内に眠る多種多様な観光資源の顕在化を図り、これまでそれぞれの領域で発展してきたスポーツとツーリズムを融合させることで新たなビジネスを創造することが期待されています。また、スポーツとツーリズムの融合は「する・観る・支えるスポーツ」の振興にも大きな貢献を果たすでしょう。

　地域の視点で見れば、先述したように、スポーツツーリズムが注目を浴びる理由の一つである、地域経済に対する好影響への期待があげられます。文化史跡や歴史的建造物といった人々

を惹きつける特別な観光資源がない地域でも、優良な集客装置となる可能性を秘めています。スポーツを通じた地域外からのビジターの増加は、交流人口や地域内に滞留する人口が増えることを意味します。これらのスポーツ参加や観戦による交流人口や滞留人口の増加は地域内での飲食や宿泊、物品の購入など新たな消費を誘導します。さらにビジターの増加やその新たな消費に対応するために、地域内の雇用が創出されることが予想されます。このような消費誘導効果を期待することができるでしょう。この他にも、地域の知名度向上や地域ブランドづくり、住民同士のつながりづくりにも効果が期待されます。しかしながら、これらの効果は地域がスポーツツーリズムに取り組めば自動的にもたらされるものではなく、「スポーツツーリズムをツールとしてどのような地域を目指していきたいのか」といった長期的、かつ戦略的に取り組む必要があるということも十分理解しておくべきでしょう。

3. するスポーツツーリズムの現状

「するスポーツツーリズム」のなかで参加者と市場規模がもっとも大きいと推測されるのは、ランニングやジョギング、ダイビングなどのマリンスポーツ、スキーやスノーボード、ゴルフ、登山・トレッキングなどを楽しむ「スポーツ愛好者」だと考えられます。しかし、スポーツを主目的にして参加するスポーツ愛好型ツーリストのみを抽出して把握するのはたいへん困難です。また、現在の日本の産業構造として、観光やスポーツツーリズムは運輸・交通、旅行、飲食、宿泊、エンターテイメント、レジャー・スポーツなどにまたがり、複合的な産業となっているため、市場規模を算出するのも困難だといわざるを得ません。そのなかで比較的わかりやすい「するスポーツツーリズム」に、イベント参加型ツーリズムがあります。とくに、東京マラソンに代表されるような都市の道路で開催されるシティマラソンの人気は著しく、参加定員がすぐに埋まり、抽選倍率は数倍から十数倍となっているのが現状です。表1・2は、日本で

表1・2 国内シティマラソン参加者数（出走者数）

順位	人数	大会名	都道府県名	備考
1	37,952	東京マラソン	東京	
2	32,263	大阪マラソン	大阪	
3	27,824	横浜マラソン	神奈川	
4	25,045	NAHAマラソン	沖縄	
5	22,234	そうじゃ吉備路マラソン	岡山	エントリー人数
6	21,948	湘南国際マラソン	神奈川	
7	21,436	名古屋ウィメンズマラソン	愛知	
8	20,395	神戸マラソン	兵庫	
9	20,252	かすみがうらマラソン	茨城	エントリー人数
10	18,823	北海道マラソン	北海道	

〔出典：株式会社測定工房（2019）市民マラソン参加人数ランキング（5000人以上）より作成〕

2018年度に開催されたマラソンイベントの参加人数を示したものです。

東京、大阪、横浜といったシティマラソンが上位を占めるマラソンイベントであることが分かります。とくに東京マラソンは、世界的にみてもニューヨーク、シカゴ、パリ、ベルリンなどと並ぶ世界でも非常に大きなシティマラソンイベントと言えるでしょう。表1・3は、2019年の東京マラソン参加者における居住地域の地方別割合を示したものです。車いすスタートがおおよそ午前9時、マラソン・10 kmのスタートがその10分後ということを考えると、関東でも東京都外からの参加者の多くは宿泊をともなうのではないかと考えられます。東京都からの参加が29.0％（1万387名）を占めるので、多めに見積もって5〜6割程度の参加者が宿泊をともなう「するスポーツツーリスト」と推計することができます（東京マラソン財団、2019）。

各シティマラソンによってこの割合は異なることが考えられますが、大阪マラソンは府内の参加者の割合が44.3％ですので、やはり4〜5割程度は宿泊をともなうことが推察できます（大阪マラソン、2018）。現在このような市民マラソンイベントは全国で970大会程度開催されており、今後もその数が増えると考えられています（笹川スポーツ財団、2014）。「ホノルルマラソン」に代表される海外のマラソンイベントも依然高い人気を誇っています。また、ヒルクライムやロードレースといった「サイクリング」、より強度の高い「トライアスロン」や「トレイルランニング」にも人気が集まっています。サイクリングはその特性上、信号が少ない地域にコースが設定され、トレイルランニングは通常登山やトレッキングで使用されるようなコース設定が行われるアウトドアスポーツです。日本はアウトドアスポーツ資源が豊富であるため、今後これらのスポーツ資源を活用した「するスポーツツーリズム」が盛んになっていくことが予想されます。

日本でもっとも長い歴史を持つ代表的な「するスポーツツーリズム」には、スポーツ合宿（キャンプ）があげられます。スポーツ合宿は日本特有のもので、高校、大学の運動部やサークル、地域スポーツクラブ、企業スポーツチーム、プロスポーツチームが1年を通して合宿地に集まります。合宿地では、宿泊先、食事や練習の環境はもちろんですが、練習試合の対戦相手が重要となります。さまざまなレベルの相手と試合が組むことができ、とくにある程度実力が拮抗した相手との対戦ができることが求められるでしょう。そのような合宿地は、「ラグビーの菅平」や「サッカーの御殿場」

表1・3 東京マラソン参加者（地方別）

地方	$N = 35,803$	
	%	n
北海道	1.3	460
東北	2.9	1,035
関東	56.3	20,166
東京都	29.0	10,387
東京都以外	27.3	9,779
中部	7.5	2,677
近畿	5.7	2,031
中国	1.8	653
四国	1.2	429
九州・沖縄	2.6	921
海外居住者	20.8	7,431

〔出典：東京マラソン財団、2019年3月13日付大会プレスリリースより作成〕

「Jグリーン堺」のようなメッカとして強豪チームの集まる地域となります。プロ野球やJリーグなどのプロスポーツチームは、シーズン前にキャンプを行うことが多く、そのキャンプ地としては宮崎県や沖縄県が有名です。また、そのようなプロスポーツチームの集まるキャンプ地においては「するスポーツツーリズム」だけではなく、「観るスポーツツーリズム」も生まれることが知られています。

4. 観るスポーツツーリズムの現状

　宮崎県では、1996年から「スポーツランドみやざき推進協議会 ▷ 用語集」が設立され、県と公益財団法人みやざき観光コンベンション協会の連携によりスポーツ合宿（キャンプ）誘致が積極的に行われてきました。2013年度の県外からのスポーツキャンプ受け入れ総数は、1211団体、2万9738名で、延べ人数にすると17万3633名と報告されています（宮崎県、2014）。そのうち春季プロスポーツキャンプの受け入れ数は、プロ野球5球団、韓国プロ野球1球団、Jリーグ20チームでした。これらのプロスポーツチームを目当てに集まる観客数は53万1000名と報告されています（宮崎県、2014）。選手、報道関係者、観客による買物や宿泊、飲食といった直接消費から県外流出分を差し引いた、関連産業への波及効果の合計である経済効果は89億9400万円と報告されています。また、宮崎キャンプを報じた全国ネットのテレビ放映時間と新聞記事掲載の状況をCMの広告料金に換算したPR効果は56億5900万円相当とされています。比較的早期から県、協会、受け入れ自治体の連携を意識しており、スポーツ施設の予約や受け入れ状況を協会が一元管理することでワンストップサービスを提供し、顧客データベースを作成・活用するなど、戦略的なキャンプ誘致が行われています。また、アマチュアスポーツ団体に対して経費を補助する「スポーツ合宿受入支援事業」や宮崎大学医学部付属病院でのスポーツメディカル検査支援事業を始めることでさらなるスポーツ合宿（キャンプ）のメッカとして機能の充実を図っています。これらスポーツ合宿地としての機能を高め、トップアスリートのキャンプ数を増やすことが「観るスポーツツーリズム」推進につながっていると言えるでしょう。

　日本人トップアスリートの海外プロリーグへの移籍も「観るスポーツツーリズム」を推進してきました。1995年に野茂英雄氏が近鉄バッファローズを任意退団後、アメリカMLBのL.A.ドジャースに入団し、アメリカで人気を博したことで、日本の旅行会社による観戦ツアーが組まれたことが現在のMLB観戦ブームの始まりと考えられます。しかし、野茂氏は投手であり登板日が不定期で、本格的なMLB観戦ブームにはいたりませんでした。本格的なMLB観戦ブームが訪れるのは2001年のことで、ほぼ毎試合出場することが予想される野手であるイチロー選手のシアトルマリナーズへの移籍以降だと考えられます。2003年には松井秀喜氏がNYヤンキースに移籍し、日本人同士のMLBでの対決は大きな話題となり、観戦ツアーも数多く催行されました。

一方サッカーにおいては、以前から欧州プロサッカーリーグ観戦は一部のサッカーマニアには人気のある特定目的旅行（Special Interested Tour：SIT）でしたが、中田英寿氏のイタリアプロサッカーリーグ・セリエAへの移籍を皮切りにした、日本人プロサッカー選手の海外移籍がさらなる観戦ツアー催行を促したと言えるでしょう。また、1998年のサッカー日本代表チーム初のW杯出場も大きなスポーツ観戦ブームを引き起こしました。0泊3日の弾丸ツアーを利用し、観戦チケットが一部保証されていなかったにもかかわらず、およそ4万人もの日本人サッカーファンが開催地であるフランスを訪れました。その後に続くサッカーW杯や夏季オリンピックにおけるサッカー日本代表の応援ツアー人気は周知のとおりです。

　国内に目を向けると、1993年にスタートした日本プロサッカーリーグ（以下、Jリーグ）は「観るスポーツツーリズム」にとって大きな転機となりました。Jリーグに限らず全国規模のプロスポーツリーグはホームゲームとアウェイゲームに分かれるため、地理的状況によってはアウェイゲーム観戦時には移動や、ときに宿泊をともないます。Jリーグ発足以前から国内で人気を博していた日本プロ野球のアウェイゲーム観戦は、TV中継が主流でした。ところが欧州サッカーリーグの応援スタイルやクラブ理念を持ちこんだJリーグでは、Myクラブをサポートするためにアウェイゲームへ応援に行くスタイルが生まれてきました。そのすべてが「観るスポーツツーリスト」かどうかは明らかとなっていませんが、Jリーグの調査（Jリーグサマリーレポート2013）によれば14.9％がホームのある都道府県外からの観戦者であることが分かっています。2013年シーズンのJリーグディビジョン1の1試合平均観戦者数が1万7226名ですから、単純計算で1試合当たり約2400名程度の「観るスポーツツーリスト」が存在するという計算になります。このようなアウェイゲーム観戦の傾向はプロ野球やプロバスケットボールにも広がっているようです。

　2002年日韓共催サッカーワールドカップ（W杯）以降、サッカー日本代表を応援しようと日本人サポーターが世界各地で開催される代表戦観戦ツアーに参加しています。また近年では、日本人選手の参加が多いフィギュアスケート大会の応援ツアーにも多くの「観るスポーツツーリスト」が参加しています。インターネットやデジタル放送の技術革新が進み、「オンデマンド」と呼ばれる「いつでも・どこでも・どんなデバイスでも」スポーツ観戦が可能になればなるほど、「その時、その場にいた」という生の臨場感や経験の希少価値が増すことになります。そのため今後も、「観るスポーツツーリズム」の需要はますます増えていくでしょう。

（執筆：工藤康宏）

2 スポーツツーリズムのこれから

1. スポーツイベントの発達とツーリズム

(1) スポーツイベントの類型化

　スポーツイベントの数はあまりに多く、すべてを数えることは不可能ですが、これらを類型化して全体像を把握することは可能です。グラトンら〔Gratton *et al.* 2000〕は、①大規模な経済活動とメディアの関心が強いオリンピックのような開催都市が固定化されていない国際的な観戦型イベント、②大規模な経済活動とメディアの関心をともなう、FAカップ・ファイナルやロンドン・マラソンのような毎年行われる国内の大規模イベント、③陸上グランプリのような不定期的に行われる1回限りの大規模な観戦型・競技型イベント、そして、④各種スポーツ競技団体が定期的に開催する、国内選手権のような大きな経済活動をともなわない主要な競技型イベントの四つに分類しました。

　別の視点から、表1・4のように、スポーツイベントへの参加形態（「するスポーツ」と「観るスポーツ」）と大会規模（国際レベル、全国レベル、地方・地域レベル）を軸とした切り口で類型化をすることもできます〔原田 2006〕。国際的なレベルのするスポーツのイベントには、ホノルルマラソンがあり、観るスポーツのイベントにはワールドカップやオリンピックが含まれます。一方で地方・地域レベルのするスポーツには宮古島トライアスロン大会が、観るスポーツには、大相撲の地方巡業や選抜高校野球地区大会などが含まれます。このように、スポーツイベントには、インターナショナルな側面を持つものから、地域の競技スポーツの普及や住民の健康促

表1・4　スポーツイベントの分類

		参加形態	
		するスポーツ	観るスポーツ
大会規模	国際レベル	ホノルルマラソン	ワールドカップ オリンピック
	全国レベル	全国スポーツ・レクリエーション祭 全国健康福祉祭	大相撲の本場所 プロ野球 Jリーグ
	地方・地域レベル	宮古島トライアスロン大会	大相撲の地方巡業 選抜高校野球地区大会

〔出典：原田 2006〕

進といった草の根（グラスルーツ）的な役割を果たすものまで、幅広く存在します。

　さらに、スポーツイベントの規模によっても、それを主催する組織が変わってきます。たとえば、オリンピックやサッカーワールドカップなどの国際的なスポーツイベントは、国際オリンピック委員会（IOC）や国際サッカー連盟（FIFA）といった国際競技団体が主催しています。その一方で、地域で開催されるスポーツイベントを主催する組織には、プロスポーツチームや国内の競技団体、そして民間団体の組織があります。

　これらの団体や組織は、イベントを主催する権利を有するライツホルダー ▷ 用語集 （権利保有者）であり、イベント誘致を企画する側（たとえば自治体）の交渉相手になります。たとえば、ある都市に男子のプロテニスの国際大会を誘致する場合、ライツホルダーは男子プロテニス協会（ATP）であり、日本の窓口になっている日本テニス協会（JTA）と連携して大会主催の権利を獲得する必要があります。

　余談ながら、テニスに関しては、開催地が固定されている全米オープンやウィンブルドンといったグランドスラムの下に、ATPマスターズ1000（9大会）、ATP500シリーズ（13大会）、ATP250シリーズ（38大会）といったツアー公式戦があり、その下にチャレンジャーズやフューチャーズといったローカル大会が数多く存在しています。ATPの公式ツアーの誘致・開催は費用面でもたいへんですが、その下のローカル大会はそれほどむずかしくなく、2015年には、日本で四つのチャレンジャーズと八つのフューチャーズの大会が開催されています。

　また、レクリエーション的なイベントの場合、それを主催する団体から開催のための許諾を受ける必要があります。たとえば、「スポーツGOMI拾い」という制限時間内に集めたごみの量を競うユニークな大会が各地で開かれていますが、この名称やプログラム内容を用いるときは、ライツホルダーである「一般社団法人日本スポーツGOMI拾い連盟」に相談し、使用許諾を得る必要があります。スポーツイベントは、プロスポーツのイベントからレクリエーション的なイベントまで幅広く存在します。

(2) スポーツイベントを誘致する組織

　スポーツコミッションは、スポーツ競技団体やスポーツイベントのライツホルダー（興行団体）と、都市（自治体）をつなぐ「インターフェース」の役割を果たし、スポーツイベントがもたらすさまざまな果実（消費誘導効果、都市の知名度アップ、地域連帯感の向上、社会資本の蓄積など）を最大化することを目的としています。国内では、2011年に設立された「さいたまスポーツコミッション」が最初であり、清水勇人市長の発案によって誕生しました。現在の日本では、とくに地方都市において、人口減少に歯止めをかける有効な手立てが見つかっていません。よって若い世代を惹きつける、魅力的なスポーツイベントの誘致や、地域への経済効果が期待できる合宿の誘致等を行うスポーツコミッションに対するニーズは高まりを見せています。

　佐藤〔2014〕によれば、地域がスポーツイベントを誘致する動機として、地域コミュニティ

の活性化や地域の一体感の醸成、シティセールス（知名度や地域イメージの向上）、国際交流の促進に加えて、経済効果への期待があります。スポーツコミッションを設立した都市が期待するのは、入場料やスポンサー収入、そして放送権料といったイベント関連の収入に加え、域外から都市を訪問するスポーツツーリストによる宿泊や飲食による地元での付帯的な消費なのです。これが真水の経済効果として地域に還元されます。

スポーツコミッションの源流はアメリカにあり、都市経済の活性化のために、スポーツイベントや合宿の誘致を支援するワンストップサービスの組織として設立されました。スポーツコミッションは事業収入、協賛金、寄付金等を原資に、国際的スポーツ大会の招致やスポーツイベントの企画・運営を通じて地域経済に貢献する団体で、その多くが都市単位で設立されています。スポーツコミッションやそれと同じ役割を担う組織をまとめるために1992年に組織化されたのが、「全米スポーツコミッション協会」（National Association of Sport Commission, NASC）です。

原田・佐藤〔2015〕の調査報告書によると、アメリカにあるスポーツコミッションは大きく分けて、デスティネーション・マーケティング／マネジメント・オーガニゼーション（Destination Marketing / Management Organization, DMO）とコンベンションビューロー（Convention Visitors Bureau, CVB）に完全もしくは部分的に組み込まれている形態や、両者から完全に独立した形態の2種類があります（DMOに関しては後述）。前者は、自治体の予算でその組織が運営されますが、独立したスポーツコミッションは、自身が資金を獲得する必要性があります。その方法としては、①ベッド税 ▷用語集 のキックバック、②スポーツイベントの仲介、③民間投資、④公共投資、⑤ホテルからの払い戻し、⑥スポーツイベント参加料等があります。

アメリカ国内には、多くのスポーツコミッションやそれに類似した目的を持つ組織が存在しますが、そのなかでもっとも歴史の古いのが、「インディアナ・スポーツ・コープ（ISC）と呼ばれるスポーツコミッションです。ISCは1979年に設立され、完全な独立形態をとる非営利法人のスポーツコミッションです。ISCは今までに多くのスポーツイベントを誘致することに成功し、年間予算は320万ドル（約4億円）にのぼります。ISCがスポーツコミッションとして成功した理由は、観光客のニーズを理解し、魅力的なスポーツイベントを自ら企画・開催し、組織が独自に収入源を開発したことにあります。

カナダにも、スポーツコミッションをまとめる組織として、カナダ・スポーツツーリズム・アライアンス（Canadian Sport Tourism Alliance, CSTA）が2000年に発足し、現在では142自治体と200以上のスポーツ組織が加盟しています。CSTAのミッションは、カナダでスポーツツーリズムイベントを誘致できるようなカナダの潜在的な可能性を引き出すこととされており、発足後、多くのスポーツ組織、観光関連組織、教育機関、民間企業からの協力を得ながら、地域活性化に向けて取り組んでいます。

また、ヨーロッパにある組織として、ロッテルダム・トップ・スポーツ（Rotterdam Top Sport,

RTS）があります。ここは、オランダに設置されたスポーツコミッションですが、ミッションとしてヨーロッパ国内においてもっとも重要なスポーツ都市として位置づけられることを目指しており、2028年に開催される夏季オリンピックの誘致を掲げています。それを達成するために、ロッテルダムの抱えている社会的な課題を、スポーツが触媒となって解決させていき、一般市民のスポーツ参加率の割合を70％まで引き上げることを具体的な施策とし、取り組んでいるのが現状です。RTSは1年間に30以上のスポーツイベントを開催していますが、国外からの来訪者は1日あたり1万7000円を消費すると推算しており〔RTS 2011〕、スポーツイベントの開催による経済効果の創出に期待を寄せています。

(3) 観光地をマネジメントする組織：DMO

　旅行者が訪れる目的地は、「デスティネーション」と呼ばれています。旅行のデスティネーションとして選んでもらうためには、旅行目的地を観光地としてマネジメントする組織が必要となります。その組織は、日本では観光地マネジメント組織であり、海外の組織と同様DMOと呼ばれることもあります。前節で説明した、スポーツコミッションが連携を深めるべき組織として重要な役割を果たします。またDMOは、地域のインバウンド観光や観光資源の効果的な管理・調整も行っています。DMOの役割について、図1・1のとおりです。

　DMOが地域に対して指導あるいは調整を行う点は四つあります。第一は、「旅行目的地の要素」で、DMOは、観光資源や快適性、アクセスの容易性や利便性、そして地域イメージや価格設定を指導・調整します。第二は「持続可能な環境の整備」で、計画策定から人的資源、そして観光商品の開発が含まれます。第三は「マーケティング」で、その地域を訪れる可能性のある潜在的顧客に対して、地域が魅力を伝え、モチベーションを喚起する情報を消費者に提供していきます。具体的には、プロモーションやキャンペーンを行うとともに、予約システムの簡略化や顧客情報管理といった技術面での整備も重要となります。第四の役割は、「現地の対応」です。いざ観光客を受け入れた際に、観光客をもてなす環境が整っていないと、観光客に対して価値のある経験を提供することができません。よって高品質な体験を提供するために、観光資源の開発・管理、教育・研修、ビジネスに対する助言や戦略策定などの具体策を管理・調整することが重要となります。

　ヨーロッパにおけるDMOの組織形態は、政府機関から民間企業まで幅広く、近年では官民連携組織（Public Private Partnership）の非営利団体（NPO）が多くなっています。そのなかでも、ヨーロッパにおいて地域レベルで観光振興にとくに成功している事例として、スイスのツェルマットがあります。ここは、年間約200万人が世界各国から訪れる有名なリゾート地です。ツェルマットの観光の中核的役割を担っている組織が、ツェルマット観光局とブルガーゲマインデ・ツェルマット ▷ 用語集 の二つの組織です。ツェルマット観光局の財源の大半は、地方政府からの補助金ですが、会員である地元ホテルやレストラン、土産物店、登山鉄道・バス・タクシ

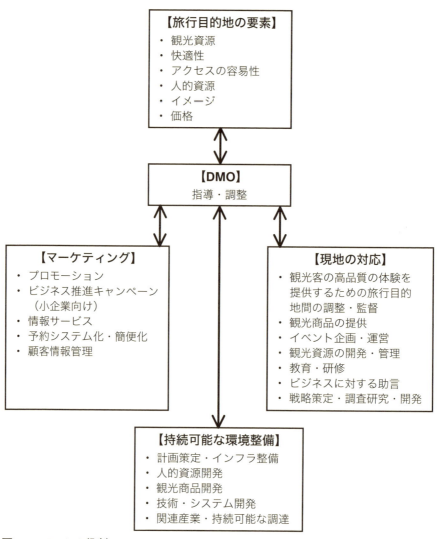

図 1・1　DMO の役割〔出典：WTO 2007、山崎 2014 をもとに筆者作成〕

一会社、スイスを代表する民間企業からの会費も含まれており、会員特典として、マーケティングに関わるノウハウの提供や、研修などを行っています。

2. 国際化するスポーツツーリズム

(1) オリンピックとスポーツツーリズム

　世界最大のスポーツの祭典であるオリンピックには、200 以上の国から選手が参加します。それゆえ、自国の選手の活躍を応援するために、多くのスポーツツーリストが開催都市にやってきます。1964 年に東京で開催された東京オリンピックでは、期間中に日本を訪れた外国人旅行者が約 5 万人（うち、選手を含む大会関係者約 9000 人、一般観光客約 4 万 1000 人）いました。当時は、初めてのオリンピック開催に向けて、東海道新幹線、高速道路の建設、宿泊施設の整備

といった、外国人を受け入れる基礎的なインフラ整備が進められてきました。その後、1972年の冬に行われた札幌オリンピックは、国内外から約66万人の観客を集め、1998年の長野オリンピックでは、国内外から約135万人を超える観客を集めることに成功しました。

2012年に開催されたロンドン・オリンピックでは、観光担当の行政機関である、「文化・メディアスポーツ省」(Department of Culture, Media and Sport, DCMS) の下部組織である「英国政府観光庁」(Visit Britain, VB) が中心となり、英国内の4地域（イングランド、スコットランド、ウェールズ、北アイルランド）の観光局およびロンドン市観光局と連携し、「政府観光戦略」(Government Tourism Policy) を策定しました。ただし、2008年に発生したリーマン・ショック以降、訪英外国人旅行者数の割合は減少傾向にありましたが、2012年は3108万人、五輪後の2013年は3281万人と増加傾向にあります。しかしロンドン五輪開催年の2012年をより詳細に見ると、訪英外国人客は、前年同期比で4.2%減となっています。欧州ツアーオペレーター協会によると、オリンピック・パラリンピックに対して無関心な観光客の一部が、ロンドンでの交通・宿泊の混雑や宿泊代の価格高騰を嫌い、旅行を回避したと指摘しています。

ロンドン五輪の特徴的な点は、オリンピックの効果をロンドンだけに留めず、地方への波及効果を狙った関連イベントを開催したことにあるとされています〔観光庁2013〕。その事例の一つが、「カルチュアル・オリンピアード」という試みです。DCMSとロンドン市などで構成されるオリンピック・文化プログラム委員会は、北京大会後の2008年からロンドン大会開催の2012年までの4年にわたり、「カルチュアル・オリンピアード」という大規模な文化プログラムとして、イギリス国内の1000以上の地域において、延べ18万件のイベントを催しました。これには、合計で約4300万人の人々が参加したとされています。ロンドン以外の地域では、約2580万人がイベントに参加し、英国各地の活性化に貢献しました。

(2) ラグビーワールドカップとスポーツツーリズム

夏季オリンピックやFIFAワールドカップと並び、世界3大スポーツの祭典であるラグビーワールドカップが2019年日本で開催されますが、国内では、すでに12の開催都市が決定し、受け入れ準備が進んでいます。今後、出場チームが本番前に行う事前キャンプ地の選定が行われますが、スポーツによる地域活性化を目指す多くの自治体が関心を示しています。

ラグビーワールドカップ2019が開催都市である自治体にもたらすメリットは、①地域・観光素材の認知度アップと国内外への発信、②地域文化の活性化（まちづくり、コミュニティづくりなど）、③国際交流（チームおよび海外からの来場者）、④インフラ整備、⑤国際大会受け入れによる経験の向上、⑥経済効果であるとされています。また、開催都市に求められるのは、①適切な試合会場の提供、②宿泊施設、練習会場など大会運営上必要な施設の提供、③大会運営への協力の三つです。

2011年に同大会を開催したニュージーランドでは、2011年9月9日から10月23日の間に

ワールドカップ大会が開催されましたが、その期間中にニュージーランドを訪れた観光客は78万5600人であり、そのなかの13万3200人がラグビー観戦を主目的としていました〔ビジネス、イノベーションと雇用省2011〕。内訳としては、オーストラリアから来ている観戦者がもっとも多く（5万5500人）、次いでフランス（1万1500人）、南アフリカ（8600人）、イングランド（7000人）、アメリカ（5400人）、アイルランド（4100人）、アルゼンチン（3000人）、日本（2800人）となっています。全体の71％が25〜54歳の年齢層に属し、男性が全体の69％を占めていることが明らかとなりました。

また、滞在中の消費金額は、観戦を主目的としている観光客一人あたりNZ＄3400（約30万円）であり、同時期にニュージーランドを訪れた、観戦を主目的としない観光客のNZ＄2400（約21万円）を大きく上回ることが分かりました。

観戦以外に行った活動としては、ウオーキングやトレッキングといった参加型のスポーツをあげた観光客の割合が86％あり、次いで観光（48％）、火山地帯を見に行く（37％）が続きました。また、ラグビーワールドカップに訪れた観光客のなかの95％が、再度ニュージーランドを訪れたいと回答し、滞在中の旅行満足度の高さと強い再訪意図が示される結果となりました。

ラグビーワールドカップ開催を契機に、多くのスポーツツーリストがニュージーランドを訪れましたが、ラグビー観戦だけでなく、さまざまな国内観光を楽しんでいることが分かりました。日本も今後、2019年に開催されるラグビーワールドカップを見据えて、各自治体が海外から来る大勢のスポーツツーリストを迎え入れる準備を進めていく必要があります。

(3) 英国プレミアリーグとツーリズム

世界5大フットボールリーグである英国のプレミアリーグは、世界中で約10億人以上に視聴されている世界でもっとも人気が高いリーグです。英国政府観光庁によると、約90万人がプレミアリーグを観戦することを目的に英国を訪れています。その背景には、英国政府観光庁とバークレイズプレミアムリーグが交わした、海外から100万人の観光客をサッカー観戦で呼び込むことを目標に掲げたパートナーシップ契約があります。タウンセンド〔Townsend 2012〕によれば、イギリス滞在中の一人あたりの平均消費金額は785ポンド（約14万円）であり、一般観光客の滞在時に消費する金額と比較して、200ポンド（約3万5000円）多いとされています。スポーツツーリストであるサッカー観戦者は、ゲームが開催されるそれぞれの土地で多額のお金を落とし、経済的な活性化に役立っているのです。

(4) 大リーグキャンプとツーリズム

前節でふれたようにプロ野球のキャンプ誘致は、地方自治体にとって絶好のPRの機会を生み、各地から観光客が訪れることで、地元のイメージアップにつながります。キャンプ誘致が宮崎県もたらす経済効果は、89億9400万円と推定されており、同じくプロ野球キャンプのメッ

カを目指す沖縄県においても、88億8000万円の経済効果があったことが、りゅうぎん総合研究所の調査〔2014〕で明らかとなっています。

　合宿地やキャンプ地をデスティネーションとして訪れるスポーツツーリストは、日本国内だけでなく、アメリカでも見られます。アメリカの大リーグでも、スプリングキャンプの行われているアリゾナとフロリダには、全米各地から大リーグファンが押し寄せます。大リーグのスプリングキャンプでは、アリゾナで行われているキャンプをカクタスリーグ（Cactus League）と呼び、フロリダで行われているキャンプをグレープフルーツリーグ（Grapefruit League）と称し、それぞれのリーグで15チームずつが春季キャンプを毎年行っています。

　大リーグの春季キャンプは、開催地に多くの便益を与えますが、キャンプを行うチームも、観客が観戦する理由を理解することが重要だと指摘されています〔Braunstein et al. 2005〕。グレープフルーツリーグのキャンプ地を訪れた観戦者を対象に、キャンプ地を訪れた理由を、質問紙調査を用いて行った研究によれば、「応援しているチーム（Home team）」「対戦相手（Opposing team）」「プロモーション活動（Game promotion）」「スケジュールの都合（Schedule convenience）」「経済的状況（Economic consideration）」「旅行活動（Vacation activity）」「野球への愛着（Love baseball）」「懐かしさ（Nostalgic Sentiment）」の八つが、キャンプに行くことを決めるにあたって重要な要因にあげられました。今後、日本においても、プロスポーツのキャンプ地をマーケティングするために、スポーツツーリストの目的や動機などを調べ、基礎的なデータとして活用する必要があります。

（執筆：山下玲・原田宗彦）

引用文献（掲載順）
- Gratton, C., Shibli, S., Dobson, N. (2000) 'The Economic Importance of Major Sports Events', *Managing Leisure*, Vol. 5(1), pp. 17 - 28
- 原田宗彦（2006）『図解スポーツマネジメント』「第5章スポーツビジネスの発展」大修館書店
- 佐藤潤（2014）『スポーツイベントの構造と誘致戦略の考え方』やまなしオリンピック2014観光フォーラム
- 原田宗彦・佐藤晋太郎（2015）『スポーツコミッション報告書：シンシナティ・インディアナポリス訪問から』さいたまスポーツコミッション内部資料
- RTS: Rotterdam Top Sport（2011）「スポーツと都市マーケティング：ヨーロッパの現状と課題」『日本スポーツマネジメント学会第14回セミナー講演録』
- WTO: World Tourism Organization (2007) *A Practical Guide to Tourism Destination Management*
- 山崎治(2014)「英国の観光政策・戦略―オリンピック開催の経験を踏まえ―」『レファレンス』平成26年10月号、国立国会図書館調査及び立法考査局（http://dl.ndl.go.jp/view/download/digidepo_8779799_po_076502.pdf?contentNo=1）
- 観光庁（2013）『平成25年度観光の状況、平成26年度観光施策要旨』（http://www.mlit.go.jp/common/001042906.pdf）
- ビジネス、イノベーションと雇用省（New Zealand Government, Ministry of Business, Innovation and Employment (2011) *New Zealand's 2011 Rugby World Cup: A Tourism Perspective* (https://www.med.govt.nz/about-us/publications/publications-by-topic/evaluation-of-government-programmes/NZ-2011-Rugby-World-Cup-tourism-perspective.pdf)）
- Townsend, M. (2012) *Football joins tourism's premier league as overseas fans flock to games* (http://www.theguardian.com/football/2012/oct/21/football-tourism-premier-league)
- りゅうぎん総合研究所（2014）『沖縄県内における2014年プロ野球春季キャンプの経済効果調査レポート』（http://www.ryugin-ri.co.jp/wp-content/uploads/2014/07/1407puroyakyu.pdf#page=1）

・Braunstein, J. R., Zhang, J. J., Trail, G. T., Gibson, H. J. (2005) 'Dimensions of market demand associated with Major League Baseball Spring Training: Development of a scale', *Sport Management Review*, 8 (3), pp. 271 - 296

第 **2** 章

スポーツツーリズムには誰が関係しているのか

2014/15 V・プレミアリーグファイナル〔提供：一般社団法人日本バレーボールリーグ機構〕

1 スポーツイベントとツーリズムの基本構造

1. スポーツツーリズムの基本的機能

　ツーリズムは、さまざまな異なる産業が組み合わさって成立するハイブリッドな産業です。すなわち、旅行目的地まで人を移動させる運輸・輸送に関する産業、目的地で人を泊まらせ、楽しい旅行体験を提供する宿泊、飲食、エンターテイメントに関する産業、そして旅行目的地の情報を伝え、旅行商品を提供する旅行業に関する産業など、異なる産業が混合することによって成立します。

　これはスポーツをテーマとするスポーツツーリズムも同様で、その仕組みは図2・1に示すとおりです。まずスポーツツーリストが、旅行目的地まで移動する手段としてさまざまな交通機関を利用します。遠方へは自家用車、バス、電車、船、飛行機を使い、近隣ならば徒歩や自転車という交通手段を用います。旅行目的地は、ツーリストを惹きつける魅力を持つ場所であり、それが都市ならばスポーツイベントへの参加、観戦、応援、そして自然の豊かな場所ならば、登山、トレッキング、スキー・スノボート、温泉など、アウトドアスポーツへの参加が主な旅

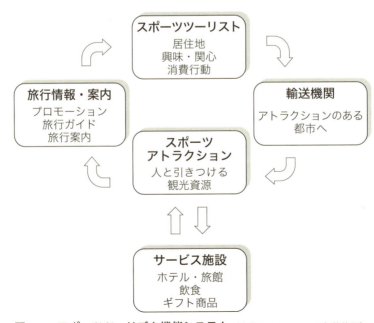

図2・1　スポーツツーリズム機能システム〔出典：Gunn 1979に加筆修正〕

行目的となるのです。

　旅行目的地において、スポーツツーリストは宿泊をし、食べて飲んで土産物を買い、それが地元に経済効果として還元されます。何千人も参加する大きな大会になると、経済効果も巨額になります。それゆえ、地域が持つスポーツ資源を活用したスポーツイベントの誘致は、地域を元気にする仕組みづくりに不可欠な要素なのです。

　地域を元気にするスポーツイベントは、域外からツーリストを呼び込む地域活性化装置でもあります。それゆえ、それがマラソンであれトライアスロンであれ、もしくは学生スポーツの全国大会であれ、多種多様な大会の誘致が求められています。最近では、トレイルランやヒルクライムレースのようなエンデュアランス（耐久）系イベントも盛んであり、参加者も大幅な増加を見せています。

2. 旅行目的としてのスポーツアトラクション

(1) 地域資源を活用したスポーツイベント

　スポーツツーリズムの成立には、スポーツで人を動かす仕組みづくりと、スポーツで人が動く理由づくりが必要です。その意味からも、スポーツツーリストを引き寄せる磁力を持った場所やイベントの誘致・開催が重要となります。京都や奈良といった伝統的な観光地は、すでに豊富な観光資源と歴史的な町並みを持っており、他の都市が同じ観光資源を人為的に作りだすことはできません。同様に、世界遺産に指定された富士山や富岡製糸工場についても、同じような景観や産業遺産 ▷ 用語集 を構築することは不可能です。

　その一方、スポーツアトラクションについては、地域が持つ資源を最大限活用した「スポーツイベント」を人為的に創出することは可能です。たとえば、大小合わせて日本に970あると言われるマラソン大会があります。東京マラソンを筆頭に、日本各地で地域や都市の特性を活かしたマラソン大会が開催されており、最近では、横浜市や仙台市のように、ハーフマラソンをフルマラソン化する動きも活発です。新しい施設建設や設備投資も必要なく、既存の道路を使って行うスポーツイベントは、域外から多くの参加者が見込め、経済効果が期待できるスポーツツーリズムの重要なアトラクションです。

　現在のマラソンブームを支えているのが、ジョギングやランニング愛好者の増加です。笹川スポーツ財団（SSF）▷ 用語集 の調べによれば、2006年に606万人だった愛好者が、2012年には1009万人に増加しています。また株式会社アールビーズが毎年発表している「全日本マラソンランキング」によると、2004年に7万8776人だったフルマラソン完走者は、2013年には28万6395人へと3.6倍に増えています。また女性の完走者は男性よりも増えており、2004年の1万2236人から2013年は6万836人へと約5倍に急増するなど、女性の間で起きているマラソンブームの大きさに驚かされます。

(2) アウトドアスポーツの可能性

　近年、登山やトレッキング、そしてスキーといったポピュラーな活動に加え、トライアスロン、ヒルクライム、トレイルランといった競技性とイベント性が高い大会や、ラフティングやキャニオニングといったアドベンチャー的要素が強い活動に人気が集まっています。その背景には、アウトドアギア（装備）の軽量化、高機能化、ファッション化というトレンドがあります。これによって、女性や高齢者がギアを自由に持ち運ぶ携帯性が格段に向上し、アウトドアを楽しめる範囲が年齢や性別に関係なく広がったのです。現在は、ハイテクで贅沢な野外での生活を楽しむ風潮が広まっていますが、これが現在のアウトドアブームを後押ししています。

　日本には、隠れた資源が数多く残されています。たとえば良質のパウダースノーが降る地域は、世界的に見てヨーロッパ、カナダ、ニュージーランド、そして日本の4カ所しか存在しません。これまで隠れた資源であったパウダースノーが、口コミやSNS（ソーシャルネットワークサービス）によって世界に広がり、野沢、白馬、ニセコといったスキー場に多くの外国人が訪れるようになりました。

　コーラルリーフからパウダースノーまで、豊かな自然資源を持つ日本のアウトドアスポーツ環境は、国内だけでなく海外からもスポーツツーリストを誘客できる可能性が高いのです。たとえば最北端である北海道宗谷岬（北緯45度52分）から最南端の波照間島（北緯24度02分）は、アメリカで言えば、西海岸のシアトル（47度30分）からアメリカ最南端のフロリダ州キーウェスト（北緯24度33分）と同じ長さであり、他のアジア諸国にはない冬のスポーツと亜熱帯のスポーツが同時に楽しめる希少なスポーツ環境を有しています。

　さらに日本の国土の68.3%は森林に覆われており、山岳スポーツからニューエンデュアランススポーツまで、多様なアウトドアスポーツを楽しむことができます。国土のうち森林に覆われている割合を示す指標を「森林率」と言いますが、日本の68.3%は、スウェーデンの66.9%よりも高く、フィンランドの73.9%に続いて世界で2番目です。

　日本の自然は、ヨーロッパに比べると、急峻な山岳地帯や深い谷が続く、険しい地形が多いのですが、一方で、その険しさがアウトドアスポーツの利点にもなっています。たとえば、急流を下るリバーラフティングやカヤッキングなどは、平地を流れる川では味わえないスリルと楽しさを与えてくれます。また等高線をまたぎながら頂上を目指す登山もあれば、等高線上を移動する登り降りの少ないトレッキングも人気です。海に目を転じれば、日本には北から南まで多くの島があります。陸地の面積に比べてどの程度海岸線の距離が長いかを示す概念に、「島嶼部性」という言葉がありますが、6000以上の島からなる日本は、7000以上の島からなるフィリピンに次いで世界で2番目です。これだけでも、マリンスポーツの宝庫であり、豊かな観光資源を持っていることが分かりますが、観光産業領域と同様に、先端的な観光産業としての取り組みは十分ではありません。

3. するスポーツにツーリストが求める経験

(1) スポーツツーリストの顧客経験価値

　景勝地を訪れる物見遊山のツーリストと異なり、スポーツツーリストは、より明確かつアクティブな目的意識を持っています。たとえば、マウンテンバイクやトレイルランのような「エクストリームスポーツ」(extreme sports) の大会に参加する選手の場合、ウェアやシューズ、そして自転車などのギアに対する投資、そして旅行に必要な交通費や宿泊費などの多額の費用負担が必要となるので、普通の旅行者に比べてコミットメントのレベルは必然的に高くなります。それゆえ、求める経験価値の水準も高くなりますが、それが達成されればリピーターとして大会に戻ってくる確率も同時に高くなるのです。

　図2・2に示したのは、エクストリームスポーツを素材として、スポーツツーリズムの顧客経験価値を示した概念モデルです。すなわち、スポーツツーリストが求めるコアとなる経験は、ヘドニック (快楽的) な楽しみと個人的な成長です。これは非日常的な現実離れした感覚を生みだしてくれます。たとえば川をゴムボートで下るリバーラフティングの場合、日常では味わえないスリルや眩暈にも似た感覚が創出され、これが快楽的な経験へと結び付きます。また一緒に参加した人々との交流による仲間意識の醸成や、リバーラフティングに関するスキルの獲得も可能にしてくれます。図中の三つの層で示したように、コアとなる経験を導いてくれる「自己との関係づくり」とともに、社会的交流を生みだす「仲間との関係づくり」や、効率的なスキル獲得を可能にしてくれる、ボートの船長でもありガイドでもある「インストラクターとの関係づくり」も、顧客経験価値を高めてくれる重要な要素となるのです。

(2) トライアスロン参加者の参加動機

　スイム、ラン、バイクの3種目をこなすトライアスロンは、過酷なスポーツであるが、2000

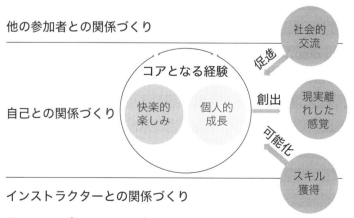

図2・2　スポーツツーリズム顧客経験の概念モデル〔出典：Klaus & Maklan 2011〕

年のシドニー五輪で正式種目に採用されて以来、世界的に人気が高まっています。日本トライアスロン連合（JTU）によれば、日本でも年間275大会が開催されており、競技登録者の数も増加傾向にあります。

　トライアスロン競技の特徴は、第一に、個人で参加できるとともに、いつでも参加できるという手軽さと参加障壁の低さにあります。日常のトレーニングも、自分のペースですることができ、仲間と時間や場所の調整とする必要もありません。第二に、「する」「観る」「訪れる」「挑戦する」「克服する」といった動機の多様性を含み、それが多くの人を魅了します。第三には、流行とともに歩むファッション性の高いスポーツであり、自転車からウェットスーツまで、ギアを買い揃える楽しみがあります。第四は、個人のライフスタイルと深く関わるスポーツであり、大会に向けてトレーニングを日常生活化する必要が生じます。第五は、環境意識を啓発するスポーツであり、環境に配慮した行動をとる傾向にあるのです。

　銚子マリーナ国際トライアスロン大会と日本トライアスロン選手権東京港大会の、競技参加者を対象とした調査〔早稲田大学スポーツビジネスマネジメント研究室2010〕によれば、回答した284人の平均年齢は37.3歳で、男女比は76.5％対23.5％でした。トライアスロンを始めた競技開始年齢は29歳と他のチームスポーツ種目と比べ遅く、他のスポーツからの「トランスファー」（移動）が多いことが分かりました。実際、回答者が過去に行っていたスポーツは、「水泳」「陸上」「バスケットボール」がトップ3を占めています。競技年数の平均は8.3年であり、自由裁量所得は5万3034円でした。同年代のサラリーマンの平均自由裁量所得が4万5600円であることを考えると、トライアスロンには、比較的金銭や時間に余裕のある社会人が多数参加していることが分かります。

　トライアスロン競技者に共通する行動特性としては、何歳になってもできるという「脱年齢」（Ageless）、いつまでも続けよう考える「継続性」（Continuity）、体力が続くかぎり参加するという「無限界」（No Limits）、そして個人競技だが、大会には仲間と参加するという「社会行動」（Social Behavior）という四つの特性が明らかになりました。これより、トレーニングによって年齢と体力の限界を克服し、できるだけ長く仲間とレースを楽しもうと考えているアクティブで健康的な中高年アスリートの姿が浮かび上がります。

　一般に人が長距離を走り、泳ぎ、自転車に乗って競うレースは、エンデュアランス（耐久性）スポーツとして知られますが、これには「きつい」「長い」「苦しい」そして「耐える」といった負のイメージが強く反映します。しかしながら、本調査からは、参加者がトライアスロンを「克服する」「挑戦する」「成長する」「訪問する」「交流する」といったポジティブなイメージで捉えていることが明らかになりました。よって新しい価値を持つ耐久性スポーツであると考え、これを「ニューエンデュアランススポーツ」（NES）と名づけました。

　トライアスロン競技者に共通する参加動機としては、以下の六つが調査から明らかになりました。

- 自分の欠点を克服し、成長することを楽しみ、新しいトレーニングの方法や技術を学ぶことに喜びを見出す積極的な動機（理解・成長動機）
- 自分がどれくらい優れているか、あるいは良い体格であるかを他人に顕示するとともに、注目を集め、優越感を持つとともに、異性からもポジティブなフィードバックを得たいという動機（外的制御・取り入れ動機）
- 記録が向上する喜びや満足感を得るとともに、努力して自分の可能性を高めることにチャレンジしようとする動機（成就動機）
- 大会で開かれる場所の歴史的観光スポットを訪れ、その土地の文化ついて学び、自然に触れ合うことを楽しみたいという動機（ツーリズム動機）
- トライアスロンをする理由や目的を見失い、競技に対しても自信を失った結果、トライアスロンを続けるべきかどうか迷っているネガティブな動機（非動機づけ）
- トライアスロンに熱中したときに感じる強い感情と興奮を求める快楽動機（刺激経験動機）

　これらの動機が示すのは、トライアスリーターが持つ積極的な心理・社会的欲求ですが、そのなかに、競技に対する自信と目標を失い、継続に疑問を抱くネガティブな動機が存在することは興味深い事実です。この結果を見ても、トライアスロンが、たんなる耐久性を競うスポーツではなく、さまざまな自己実現の機会を与えてくれる新しいスポーツであることが分かります。

　トライアスロンを始めた理由については、「興味・関心」「友人」「挑戦」がトップ3です。ただし、29歳以下では「家族」が、50歳以上では「フィットネス」が2番目に大きな理由になっているなど、年代によって若干の相違が見られました。

　スポーツ活動の選択は、参加の社会的文脈（social context）に大きな影響を受けます。本調査では、回答者166人の57%がトライアスロンを始めるにあたって誰かに影響を受けたと答えています。その内訳は、友人（74.3%）、家族（36.1%）、コーチ（34.2%）、職場の同僚（33.1%）であり、それに学校の先生（12.9%）や芸能人（10.3%）が続きますが、ここでは友人の影響力の強さが際立っていました（%は複数回答であり、合計すると100%を超えるケースが含まれる）。

　この調査で明らかになったのは、トライアスロンの潜在市場の大きさと、一度始めると年齢や体力を理由に止めない継続性の高さです。それゆえ新規参入者の増加が、そのまま参加人口の拡大につながる市場の成長性の高さが示されました。

(3) その他のエンデュアランス（持久性）スポーツ

　トレイルランニングは、起伏のある山道をランニングする陸上競技で、大自然の景観を楽しみ、泥や木の根などの自然の障害物や、視界を遮る木々などを回避しながら走る競技です。現在、全国で100を超える大会が開催されており、なかには山梨県の富士登山レースのように

3500人以上が参加する大会もあり、海外からのレース参加者も多いのです。

　日本能率協会総合研究所の調べ〔2014〕によれば、トレイルランを行う理由としてもっとも割合が高いのが「山道を走る爽快感を味わえる」（55.3％）であり、「山や自然を感じられる」（55.0％）と「身体が鍛えられる」（49.5％）がそれに続きます。マラソン大会とは異なり、コースが山道なので、沿道の応援や地元の人のホスピタリティを享受できる機会は少ないのですが、その分自然に親しむ機会が多く、ロードランニングの延長で開始する人の割合も多くなっています。

　また自転車で坂を駆けあがるヒルクライムレースも人気が高い種目です。これは山や丘陵の登り坂に設定されたコースを自転車で走るタイムレースであり、登坂レースとも呼ばれています。Mt. 富士ヒルクライムは、山梨県の富士山北麓で開催されており、標高差やゴール地点の標高、そして5000人以上という参加者数のいずれにおいても日本最大のレースとされています。

　リバーラフティングやキャニオニングのような、競争がなく、冒険的かつレジャー的要素が強いアウトドアスポーツや、トライアスロン、トレイルラン、そしてヒルクライムレースのような競技性の強いエクストリーム系のスポーツは、参加者が求める経験の質に違いはありますが、どちらも設備投資が必要なく、すでに地域にある自然資源や、整備された道路や海岸を最大活用するだけで開催が可能となる地域活性化イベントです。また後者の場合、参加者は、トレーニングを兼ねてトライアスロンの種目である水泳や自転車にも参加します。トライアスロン参加者の場合、マラソンと水泳を継続的に行っている参加者が多いことが報告されています〔JTU、早稲田大学2012〕。さらに競技会では、説明会を大会前日に行うため、宿泊や飲食がともなうケースが多く、地元経済の活性化にも貢献しています。

4. 観るスポーツイベントに参加するスポーツツーリスト

(1) Jリーグのアウェイサポーター

　サッカーを観戦するために旅行することをフットボールツーリズム、もしくはサッカーツーリズムと呼んでいます。多くの場合、自分が応援するチームがアウェイで試合をするときに、チケットを購入して、自チームがあるホームタウンから移動する観戦者のことで、「アウェイ観戦者」や「アウェイサポーター」とも呼ばれています。

　Jリーグの場合、J1の浦和レッズやJ2の松本山雅のように、何千人というアウェイサポーターが応援のために敵地に移動するクラブもあれば、数百人というクラブもあり、正確な数は把握されていません。2014シーズンの場合、J1が34節306試合、J2が42節462試合を行いましたが、仮にすべての試合で平均1000名のアウェイサポーターが移動したとすると、年間768試合で合計76万8000人という数字になります。英国の場合、海外からの訪英観光客の4％にあ

図2・3　J's Goalのフットボールツーリズム紹介ページ（現在はJリーグ公式サイトに統合）

たる約90万人が、プレミアリーグの試合を観戦し7億ポンド（約140億円）を英国内で消費したというデータが、英国政府観光庁であるビジットブリテン〔Visit Britain 2011〕から発表されていますが、これらは海外からのアウェイサポーターの総数であり、日本と同様、英国内で移動するアウェイサポーターの総数は明らかになっていません。

その一方で、アウェイサポーターのために、地域のグルメや観光情報を提供するという動きも徐々に広まっています。たとえばJリーグ公認ファンサイトであるJ's Goalでは、「Football Tourism 〜アウェイ旅を楽しもう〜」というコーナーで、「敵地」で楽しむことができるさまざまな観光情報が掲載されていました（図2・3）。また旅行専門雑誌の『じゃらん』は、Jリーグのスタジアム観戦と観光、ご当地グルメを組み合わせた『じゃらん元気をもらえるサッカー旅』というムック本を2011年に発刊しましたが、その後の継続的な刊行は現在見送られています。

以下は、フットボールツーリズムについて書かれた個人のブログですが、JRのフリーパスを活用した「敵地」での観光の状況がよく理解できます。

昨年の12月下旬にJユースカップの準決勝、決勝を観戦するために大阪へ出掛けた。試合は22日の土曜日と24日の月曜日（祝日）に、それぞれ万博と長居で開催されたのだが、中間の23日はちょうど天皇杯の大阪ダービーというビッグカードが長居であったものの、この時の目的はユースだったので、この23日は終日観光に充てた。そこで重宝したのが、JRの関西フリーパスである。価格は3500円とやや高いが、その代わり範囲はすこぶる広い。東は福井県の敦賀、西は岡山県に限りなく近い兵庫県の西端、上郡まで。その間の支線はほぼエリアをカバーしています。何より関西地区は新快速など快速運転、普通列車との接続体制がしっかり整備されており、特別な料金を追加することなく利用できるケースが多い。この時もこのフリーパスのお

かげで大阪の水上バスや大阪城、姫路城、京都まで一日で足を延ばすことができた。このようなフリータイプの乗車券は地域によっていろいろなものがあり、使い方次第ではものすごくお得になる場合もあるので、アウェイ観戦の際は現地のお得なきっぷをチェックしておこう。

〔Goo ブログ：http://blog.goo.ne.jp/nagata0614 より引用〕

(2) アウェイサポーターの実態

　新潟文化・スポーツコミッションは、新潟アルビレックスとの対戦の応援に来るアウェイサポーターの実態を調査しました。これは、新潟の応援にくるアウェイサポーターの誘客と新潟をPRするための事業の一環として行われたものであり、新潟のホームゲームの前節に行われた誘客キャンペーンです。

　同コミッションは、2014年5月17日に行われるビッグスワンで開催される「新潟アルビレックス対大宮アルディージャ」戦に向けて、前節に開催された「大宮アルディージャ対ガンバ大阪」のホーム戦において、大宮サポーター向けの（次節新潟戦への）誘客活動を含めた観光PRをNack 5（ナックファイブ）スタジアムで行いました。特設テントにおいて抽選会を実施し、1000部の観光資料の配布を行うとともに、観光資料のなかには、翌週新潟で引き換えることのできるお米券とアンケートを同封し、大宮サポーターのアウェイ観戦動機を高めました。

　翌週の新潟戦のときに、引き換えに来たサポーターは157名でした。新幹線で楽に移動できる交通条件もあり、抽選権をもらった大宮サポーターの15.7％が観戦にくるなど、大きな効果がありました〔新潟市文化・スポーツコミッション2014〕。

　図2・4に示すように、新潟に来たアウェイサポーターは30代と40代が全体の半分を占めます。30歳以下は全体の23％で、全体の4分の1程度です。交通手段は、自家用車がもっとも多く全体の63％、そして新幹線（電車を含む）が28％となっています。興味深いのは旅行日程で、車や新幹線での日帰りが可能な地域にもかかわらず、全体の7割が1泊以上の宿泊を行っている点です。それゆえ消費額も高めになっており、全体の3割程度が2万円から3万円を、そして12％が4万円以上使っていることが分かりました。

　以下は、新潟戦の応援に来たアウェイサポーターからのコメントであり、生の声が反映されています。

- ・バス路線の詳しい地図やマップがあるとよい。たとえば飲食店や観光地がすぐ分かるような。
- ・半券でワンドリンクサービス。お会計割引。試合会場での市内観光スポット案内が欲しい。
- ・今回のようにNack 5スタジアムで翌週のアウェイ先の案内をしてもらえると、どこに行こうか色々と悩むことが出発前にできてうれしい。
- ・サッポロ「風味爽快ニシテ」が飲めるお店がもっとあるといいです。

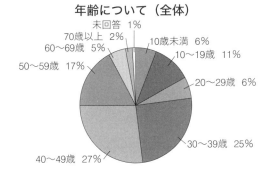
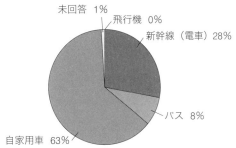

図2・4　新潟戦の観戦に来た大宮のアウェイサポーター（*n* = 165）の年齢、交通手段、旅行目的、消費額〔出典：新潟市文化・スポーツコミッション 2014〕

- ピストンバスの乗り場案内が欲しい。新潟駅が分かりにくいので、案内表示が欲しい。
- チケットで割引可能なお店を増やして欲しい。エキナカの CoCoLo でできないでしょうか？
- ホテルでウェルカムドリンクサービスがあるといい。アウェイサポーター専用のホテルを紹介して欲しい。
- ゲーム終了後に汗を流すことができる日帰り入浴施設などを紹介して欲しい。
- いろいろなお土産をスタジアム内は無理としても、すぐ近くの場所で販売して欲しい。

(3) 大規模スポーツイベントの観戦者

　日本では、これまでオリンピックやアジア大会、そして FIFA ワールドカップといったメガスポーツイベントが開催され、多くの観戦者が日本を訪問しましたが、スポーツツーリズムの視点から、観戦者に焦点を当てた調査研究はほとんど行われていません。その理由は、これらのメガイベントが何十年に一度しか開かれない継続性のないイベントであることと、開催地域が広範におよび、どの会場で調査を実施しても、切片のようなデータしか取得できず、全体像を掴みにくかったからです。

　都市が継続的に開催する大規模な国際イベントの来場者を対象とした調査としては、「さい

たまクリテリウム by ツール・ド・フランス」の調査があります〔早稲田大学スポーツビジネスマネジメント研究室 2013〕。

　ツール・ド・フランスは、1903 年に産声を上げた世界最大の自転車レースです。スタジアムやアリーナという巨大施設を使うスポーツビジネスとは異なり、ステージごとに多くの人間と機材が移動する巡業型のイベントとして知られています。2012 年の大会では、20 ステージが設定され、1 チーム 9 人で構成された 22 チームが、全長 3497 km のコースを競いました。23 日間にわたる長期間のレース開催中、4500 人のスタッフが宿泊と食事をしながらステージごとに移動を繰り返し、2400 台の車両がレースに追随する巨大な大会です。

　この大会は、メディアにとっても優良コンテンツであり、世界 190 カ国で延べ 4703 時間にわたってテレビ放映されています。世界 25 カ国からラジオ局が 76 局、新聞社や写真通信社を含む 450 社が取材に訪れ、3600 の記者証が発行されるなど、観るスポーツとして高いイベント価値があります。2013 年にさいたま市で開かれた「さいたまクリテリウム by ツール・ド・フランス」は、ツール・ド・フランスのロゴマークを冠した姉妹イベントであり、フランス国外で開催される初めての大会となりました。

　2013 年の来場者調査では、会場で質問紙を配布し、997 人から回答を得ました。観戦者の属性については、男性がおよそ 7 割、女性がおよそ 3 割となりました。居住地については、さいたま市内から約 36％、さいたま市を除く埼玉県内から約 29％、埼玉県を除く関東から 29％、その他が 6％となっています。その他については、多い順に静岡・愛知・福岡・大阪・京都・兵庫などであり、広いエリアからイベントの観戦に訪れています。観戦者の平均年齢は、42.1 歳、同伴者の平均人数は、1.83 人です。

　大会が行われたさいたま新都心周辺までの交通手段については、「公共交通機関（電車・バス）」がもっとも多く全体の約 74％を占め、「自動車」と「徒歩」とそれに続く結果となりました。滞在予定期間については、9 割が滞在せず日帰りと回答しました。これは、さいたま市および埼玉県内から訪れる観戦者が全体の 64％以上を占めるのに加え、日帰りが可能な関東の近県からも多数の観戦者が訪れているからです。さらに、観光予定が「ある」と答えた回答は全体の 8％であり、クリテリウムの観戦のみを目的とする観戦者が大部分を占めることが分かりました。なお観光予定が「ある」と答えた回答者によれば、大宮駅周辺、コクーン新都心を含む新都心周辺、鉄道博物館、川越等が訪問先として記入されていましたが、なかには入間アウトレットや浦和など、距離の離れた場所に足を運ぶ人々もありました。

　イベント関連支出については、自由記入方式で、宿泊費、飲食費、土産・買物費、観光・娯楽費の額を記入するように求めました。支出の合計金額を居住地別で比較すると、さいたま市が 4478 円、埼玉県内が 5118 円　関東が 4876 円、そしてその他が 1 万 5631 円であり、関東圏の来場者には大きな差はないものの、その他の居住地の来場者は、3 倍程度の使用金額のあることが分かりました。

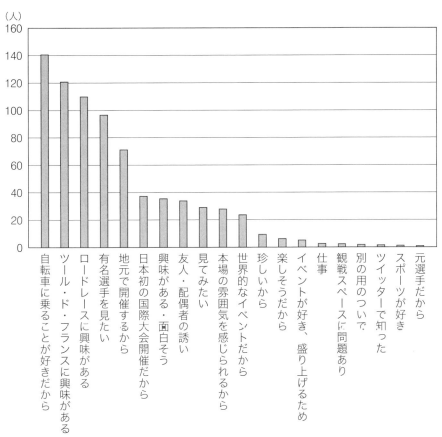

図2・5 さいたまクリテリウム by ツール・ド・フランスの観戦理由〔出典：早稲田大学スポーツビジネス・マネジメント研究室（2014）『さいたまクリテリウム by ツールドフランス調査報告書』〕

　本イベントの観戦理由については、図2・5に示すように、「自転車に乗ることが好きだから」を筆頭に、「ツール・ド・フランスが好きだから」「ロードレースに興味がある」「有名選手を見てみたい」といった理由が続き、観戦者は、普段から自転車に乗ることを親しんでおり、自転車レースに興味がある層が中心でした。また、同年のフランスでのツール・ド・フランスで総合優勝を遂げたフルーム選手などの有名選手の参戦も観戦理由の一つであり、ツールに対する日本人の関心の高さが示されました。

　「ツール・ド・フランス　さいたまクリテリウム」は、最初の大会では大きな赤字を計上しましたが、人気が高まった2年目の2014年の大会は、無事黒字決算で大会を終えることができました。この大会の成功により、さいたま市は新しい都市ブランドを手にするとともに、行政の側にスポーツイベント開催のノウハウが蓄積されました。今後、スポーツイベント招致を行う組織である「さいたまスポーツコミッション」の役割強化とともに、スポーツシティとしてのさいたま市の存在感がさらに強まることが期待されます。

（執筆：原田宗彦）

2 必要なのは マーケティングの発想

1. なぜマーケティングが必要なのか

　スポーツツーリズムには多様な形で人々が消費者として関与しています。第1節で紹介されたような、アウトドアスポーツ（登山、トレッキング、スキー、マリンスポーツなど）の実施者、エンデュアランススポーツ（マラソン、トライアスロン、バイクなど）の大会参加者、そしてスポーツイベントの観戦者などが含まれます。このような人々は、最近になって急に増えてきたわけではありません。ツーリズムやツーリストという言葉は普及していませんでしたが、スポーツに関わる活動を含めて旅行をする人々は、これまでも多く存在していました。むしろ以前のほうが多かったことは、郊外型スポーツであるスキー人口やゴルフ人口が減少し、それらの市場も縮小してきたことからも明白です〔社会生産性本部 2014〕。

　それでは、なぜ今、スポーツツーリストに注目する必要があるのでしょうか。それは、彼ら彼女らのスポーツ活動や旅行に関わるニーズが多様化してきたからです。それぞれの競技そのものに関わるニーズだけでなく、その競技実施時およびその前後の時間における社交に関わるニーズ、そして飲食、温泉、観光、宿泊などの旅行に関するニーズも、スポーツツーリストにとっては重要になってきています。

　さらに、高齢化が進み、スポーツツーリズムのターゲット（標的市場）が拡大、多様化してきたこと、そして、少子化が進み若年層の人口が減少し、スポーツツーリズムのみならず多様なレジャービジネスが含まれる余暇市場において、パイ（市場）の取り合いが激化してきていることも、スポーツツーリズムに注目が集まる原因になっています。スポーツツーリズムに関わる観光協会、観光施設、スポーツ組織、そして旅行会社などは、この競争が激しい市場において、戦略的な取り組みが求められています。そのために不可欠な一つのカギが、マーケティングの発想を持つことです。実際に、上記に並んだ、ニーズ、ターゲット、市場などの言葉は、マーケティングに深くかかわりのあるキーワードです。

2. マーケティングという考え方

　マーケティングは、「顧客、クライアント、パートナー、そして社会全体に対して価値ある提

供物を創造、伝達、提供、そして交換するための活動および一連の制度とプロセス」と定義されています〔American Marketing Association 2007〕。これは、簡単に言うと、「売れる仕組み」を創るということです。スポーツツーリズムに関わるそれぞれの現場に合わせると、「来訪者が増える仕組みづくり」「イベント参加者が増える仕組みづくり」、あるいは「施設利用者が増える仕組みづくり」というようになります。具体的には、スポーツツーリスト（潜在的スポーツツーリストを含む）のニーズを理解し、ニーズに合ったツアーやイベントを企画し、提供することで、来訪者や参加者を増やすとともに、彼ら彼女らのニーズを満たすことになります。

ここで重要なことは、マーケティングの考え方を理解しておくことです。それは、消費者・顧客、つまりスポーツツーリストのニーズを最優先することです。これを理解するために、図2・6には、顧客・消費者の存在およびニーズを最優先しない販売志向とマーケティング志向を対比させて示しました。

まず、販売志向においては、「このスポーツ団体はどのようなイベントが開催できるのか？」あるいは「この場所は人々に何を提供することができるのか？」というところから、すべてがスタートします。確かに、その組織が持つ経営資源、その地が持つ観光資源について、十分な分析を行ったうえで有効活用することは必要です。しかし、それが世の中の人々に求められていないものであったり、求められていない方法で提供されていたりすれば、それなりの反応しか起こりません。つまり、参加者や来訪者は増えないということです。この原因は、図2・6に

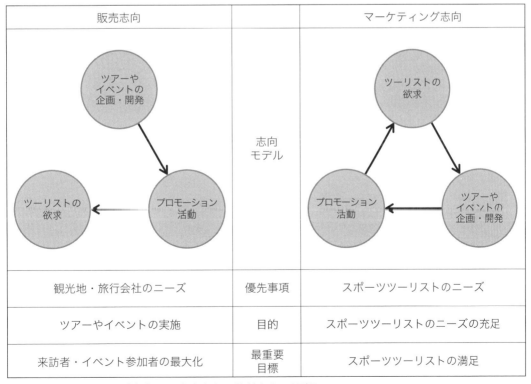

図2・6　マーケティング志向：販売志向との比較からの理解〔出典：クロンプトン＆ラム 1991 を参考に作成〕

示されているように、観光地、旅行会社、そしてスポーツ団体など、提供者側のニーズが優先されていることです。また、その目的もツーリストに喜ばれているかどうかに関係なく、ツアーやイベントをトラブルなく実施することだけにあります。たとえば、すでに社会のニーズはなく、参加者が減少しているにもかかわらず、伝統にこだわり、形式も変えずに継続されているスポーツイベントは少なくないでしょう。また、80年代から90年代前半にかけて利用者が多かったスキー場、ゴルフ場、およびその周辺宿泊施設などが、「あの方法を続けていればまた利用者が増える」と思い込んで、ニーズの変化に対応せずに提供者側の考えを押しつけ続けて低迷している例も少なくないでしょう。

一方、マーケティング志向においては、スポーツツーリストのニーズが最優先事項で、原点になります。そして、それに対応するツアーやイベント、観光地や宿泊施設での対応などが検討、企画、準備されます。それを多様なコミュニケーションツールを用いて、効果的にプロモーションを行い、人々を来訪や参加へと導きます。そこで提供されるものは、来訪者や参加者のニーズがベースになっているため、高い確率でそのニーズが充足されることが可能になります。その結果、高い顧客満足度が得られ、その後の再来訪、あるいは再参加などの行動、および口コミ行動やSNS等によるシェア行動が導かれることになります。

3. ターゲットを明確にする

(1) スポーツツーリズム市場の調査と分析

上記のマーケティングの考え方を基本として行う、具体的な取り組みとして、まず一つ目はターゲットを明確にすることです。それぞれのイベントやツアーが「どのようなニーズを持っている、どのような人々を対象にしているのか」ということが明確でなければ、それは顧客・潜在顧客には伝わらず、イベントの参加者が増える、あるいは来訪者が増える仕組みはつくれません。

ターゲットを明確にするためには、市場調査、つまりスポーツツーリズムの市場に「どのような人々がいるのか？」「どのような競合が存在するのか？」「自分たち（観光地・スポーツ団体）の強みと弱みは何か？」などについての情報収集を行い、分析してそれらを明らかにすることが必要です。

ここで検討すべき課題を分かりやすく分類して整理すると、まず、マクロ環境 ▷ 用語集 とミクロ環境 ▷ 用語集 に分けられます。マクロ環境を分析するときに考慮すべき要因には、人口動態的要因、自然環境的要因、政治的・法的要因、経済的要因、社会文化的要因、および技術的要因があります。後ろの四つは、それぞれの英語の頭文字をとってPEST (Politics, Economics, Social, Technology) と呼ばれ、どのようなビジネスにおいても不可欠な検討要因です。ほとんどのケースにおいて屋外でのスポーツが含まれるスポーツツーリズムにおいては、自然環境的要

因の調査と検討は重要でしょう。

一方のミクロ環境には、顧客、競合、そして自社（つまり観光協会、スポーツ組織、旅行会社などがこれに相当します）が含まれ、それぞれの頭文字をとって、3C (Customer, Competitor, Company) と呼びます。なかでも、スポーツツーリストのニーズの理解に直結する顧客に関する調査と分析は、決して欠かすことができないマーケティング活動です。

なお、外部、内部という要因に分類すると、ミクロ環境の自社が内部環境となり、その他のすべての要因が外部環境に相当します。この内部と外部の分析を用いて、内部の強み (Strengths) と弱み (Weaknesses)、そして外部の機会 (Opportunities) と脅威 (Threats) を明確にしてそれぞれの取り巻く環境を分析し理解する SWOT 分析も戦略立案には不可欠です。

(2) ターゲットの設定

市場の状況を把握し、それを理解すると、次は市場を細かく分けます。つまり、市場に存在するスポーツツーリストおよび潜在的なスポーツツーリストを、その属性、行動特性やニーズが似通っている者ごとにグループ分けをする作業です。これが市場細分化（マーケット・セグメンテーション）です。この際に細分化の基準となる指標には、人口統計的要因（性別、年齢、家族構成、年収など）、地理的要因（居住地、観光地までの移動時間・距離など）、社会心理的要因（パーソナリティ、ライフスタイル、消費動機など）、そして行動要因（来訪・参加頻度、滞在日数、スポーツの技能など）というように多様な要因を用いることが可能です。このなかで社会心理的要因や行動要因を用いると、ニーズに合った細分化が行いやすいのですが、これらの要因を把握することは容易ではありません。そのため、比較的把握しやすい性別や年齢などの人口統計的要因によって細分化されたセグメント（グループ）ごとに、社会心理的要因や行動要因の傾向をある程度掴み、活用することが多くなります。

スポーツツーリズム市場に存在するさまざまなセグメントを把握すると、次はそれらのうちのどのセグメントを狙うか、つまりターゲットの設定を行います。ここで有効な方法が差別化戦略です。複数のセグメントを狙い、それぞれのニーズや行動特性に合わせた異なるツアーやイベントを企画し、提供します。そのことで、多様な客層を獲得し、それぞれのニーズを充足することができます。

ただし、観光施設やスポーツ団体の規模が小さく、経営資源が限られている場合においては、特定のセグメントに焦点を当てて対応し、その小集団のニーズを満たして、再来訪・再参加を促すことが効率的な方法です。このターゲットの設定においてもう一つの一般的な方法は、非差別化戦略です。市場に異なるセグメントが存在することを把握しても、あえて区別せず、同じベネフィット（便益）をもたらすツアーまたはイベントを企画して提供する方法で、比較的、手間とコストを抑えることができます。ただ、冒頭に述べたように、ニーズが多様化しているスポーツツーリズム市場においては、有効な戦略であるとは言えません。

4. マーケティング・ミックスの四つの P

　観光協会、観光施設、スポーツ組織、あるいは旅行会社のターゲットが決まると、いよいよそのターゲットに合ったプロダクト（Product）、つまりツアーの内容やイベントの内容を検討します。そしてそのプロダクトを提供する価格（Price）、そのプロダクトを提供する場所（Place）や日時についても、ターゲットに合わせて検討します。さらに、プロダクト、価格、場所や日時といった情報をターゲットに適した媒体（メディア）を通して、効果的に伝える方法（Promotion）を検討します。ここに出てきた「P」を頭文字とする四つの英単語で示されているものが、図2・7に示したマーケティング・ミックスの四つの P と呼ばれるもので、これらの検討がマーケティング戦略の重要な要素になります〔Kotler 2000〕。

　プロダクト（Product）については、まずは消費者となるスポーツツーリストが求めるものを理解することが必要です。これは、コア（中核）ベネフィットやコア（中核）プロダクトと呼ばれるもので、スポーツツーリストがスポーツ活動やそれを含む旅行におけるさまざまな活動から獲得する心理的、社会的、身体的な便益、つまりベネフィットを指します。これについては、本章第1節での解説が参考になるでしょう。そしてそのベネフィットを提供するために、基本的に準備されるべき、施設や設備、イベントそのものに関連する基本的な機能の準備が必要です。これらは満足を得るためというよりは、不満足を引き起こさないために最低限準備と提供

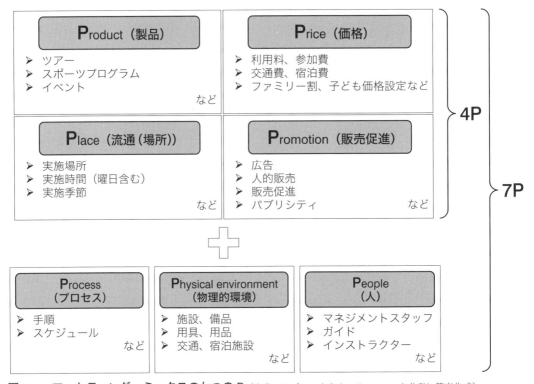

図 2・7　マーケティング・ミックスの七つの P〔出典：ラブロック＆ウィルツ 2008 を参考に筆者作成〕

が必要なことです。スキー場であれば、ゲレンデがあり、リフトがあり、雪があり、トイレがあり、レストランがあり、宿泊施設があるといったところでしょうか。これに加えて、付随的機能があれば、さまざまな場面でスポーツツーリストの満足を高めることができます。たとえば、ゲレンデのコースが分かりやすく示されていること、リフト係員の対応が丁寧であること、乳幼児を含む家族連れのツーリストのために託児サービスを準備すること、品質の高いレンタルスキー、ブーツ、ボードを準備すること、レストランのメニューが豊富であること、宿泊施設でスキー以外の地域特有の体験ができることなどがあげられます。この付随的機能は無限に考えられ、ここに各観光協会、施設、スポーツ組織、旅行会社の発想力、企画力、および実行力が顕著に表れます。そして、忘れてはならないことが、それらの機能はターゲットに合わせて、準備され、提供されるということです。

　価格（Price）については、ターゲットとなるスポーツツーリストの年齢や家族構成などに配慮して、検討することが必要でしょう。また、スポーツツーリズムは、その用具の購入や実施場所までの移動および宿泊に費用が掛かるため、余暇活動に多額を投じることができる層が多く含まれています。とくに国外からのツーリストには富裕層が多く、質の高いサービスを受け、価値の高い経験ができるのであれば、金に糸目をつけないという人たちも少なくないでしょう。このようなスポーツツーリストの消費傾向についても理解したうえでの価格設定が必要です。

　どこで売るのかという場所（Place）は、流通とも考えられ、一般ビジネスにおいては重要な要素です。しかし、スポーツツーリズムはその土地の資源を利用するため、すでに場所が決まっていることが多く、その場所でいかに工夫をするかがポイントになります。ただし、そのツアーやイベントの実施時期、曜日、時間帯などは、各ターゲットに合わせて企画することができるでしょう。とくにアウトドアスポーツに関しては、季節や日時への配慮が必須です。これについては、この後に具体例を示していますので、参考にしてください。

　最後のPであるプロモーション（Promotion）とは、上記の三つのPである、「何を」「いくらで」「いつ、どこで」提供されるのかを消費者に伝える諸活動です。この情報提供で重要なことは、受け手に届いて、さらに消費行動を起こさせることであるため、一方的な情報発信と捉えるのではなく、相互のコミュニケーション活動として理解することです。そして、この方法には、広告、人的販売、販売促進、そしてパブリシティの四つのタイプが含まれます。広告は、ポスター、新聞、テレビ、インターネットなどの媒体を用いて情報を伝える方法で、より多くの人々の目に触れる可能性は高いですが、媒体によっては多額の費用が掛かります。人的販売とは、スタッフや社員による営業活動で、人件費はかかりますが、直接交渉ができるため、接触したツーリストの意思決定に影響を与える可能性は高くなります。また、販売促進とは、割引や特典をつけて、ツーリストを惹きつける方法です。これもコストがかかりますが、スポンサー（協賛企業など）の協力を得て、コストを抑えることも可能です。そして、パブリシティは他の三つとは異なり、コストが少なくすむ、あるいは掛からない方法です。情報をニュースの

	ターゲット A	ターゲット B	ターゲット C
プロダクト (ツアー・イベントの内容)	Product A 製品	Product B 製品	Product C 製品
価格 (参加費・利用料など)	Price A 価格	Price B 価格	Price C 価格
実施場所 日時	Place A 流通（場所）	Place B 流通（場所）	Place C 流通（場所）
プロモーション (情報伝達の方法)	Promotion A 販売促進	Promotion B 販売促進	Promotion C 販売促進

図 2・8　マーケティングを活用したツアーやイベントの計画書類の例

形でメディアを通して配信してもらう方法で、場合によっては無料で広告をしているような効果が得られます。このようなさまざまなプロモーション方法は、消費者の意思決定過程において異なった効果を発揮するので、組み合わせて活用する必要があります。これをプロモーション・ミックスと呼びます。

また、図 2・7 に示したように、これら四つの P に加えてプロセス (Process)、物理的環境 (Physical Environment)、人 (People) を加えた 7P をマーケティング・ミックスの要素として捉えることもあります。プロセスは場所・流通 (Place) に、物理的環境と人は、プロダクト (Product) に含めて考えることが可能であり、もともとの四つの P で検討しても問題ありません。ただ、この三つは、物財ではなくサービス財を扱うスポーツツーリズムでは、鍵となる要素であるため、とくに重視することも一策です。

そして、ここで解説したマーケティング・ミックスを設定したターゲットに合わせて検討するには、図 2・8 に示したようなマトリックスを用いることが可能です。このような複数のターゲットに合った各 P について、企画し、実施することで、効率よく参加者や利用者が集まり、彼ら彼女らのニーズが充足される可能性が高くなります。

5. マーケティングの発想を取り入れた事例

(1) ターゲットに合わせた情報提供

スポーツや旅行に関する情報入手の方法は、ツーリストによって異なります。性別、年齢、旅行やスポーツの経験など、ツーリストが持つさまざまな特性によって、情報をどこから、どのようにして探索するのかが大きく異なる可能性があります。そのため、プロモーションの媒体についての配慮が必要です。現代では、SNS（ソーシャルネットワークサービス）を用いたプロ

図2・9　多言語展開しているニセコリゾート観光協会〔出典：ニセコリゾート観光協会ホームページ〕

モーションに注目が集まっており、すでに欠かせないコミュニケーションツールとなっています。しかし、すべての消費者が使用しているわけではなく、観光協会、観光施設、スポーツ組織、そして旅行会社が取り扱う企画によっては、そのターゲットに適さない媒体となる可能性もあります。その時代に合わせつつも、多様なターゲットに合わせた多様なコミュニケーションツールを準備することは、普遍の課題でしょう。

　このターゲットに合わせた情報提供に配慮した取り組みをしている一つの例が、ニセコリゾート観光協会のホームページです。図2・9にあるように、同協会は、日本語、英語、中国語（簡体字・繁体字）、韓国語、ドイツ語、フランス語、イタリア語、スペイン語、ロシア語と、多様な言語でホームページを展開しています。ページ右上の各国旗をクリックすると、各言語で表示されるようになっています。日本語と英語、あるいはそれに加えて、韓国語や中国語の表記が見られるホームページはありますが、これだけ多様な言語が準備されているものはほとんど見られません。

　実際にニセコ町の外国人宿泊者数は急激に増加し、2013年度の訪日外国人宿泊客延数は10万人を超え、10万8239人と報告されています。そのうち訳は、香港が18.9％、オーストラリアが18.4％、台湾が14.1％、中国が9.6％、シンガポールが8.9％、韓国が8.8％、アメリカが5.2％、次いでタイ、マレーシア、イギリス、ロシアなどとなっており、諸外国から観光客が集まっています〔ニセコ町2013〕。このようなさまざまな国や地域からの来訪者に対応するために、多様な言語での情報提供を行い、その成果が出ているものと考えられます。

(2) ターゲットに合わせたサービス提供のタイミング

　マーケティング・ミックスの四つのPの「Place」について解説したなかで、場所が固定されているケースが多いスポーツツーリズムにおいては、季節や日時などのサービスを提供するタ

イミングについて、ターゲットに合った工夫が必要であることを強調しました。その土地の季節に合わせたイベントや企画を検討するだけでなく、ツーリストのライフパターンに配慮したツアーや企画を検討することもだいじなことです。この提供のタイミングに配慮したスポーツツーリズムの企画を一つ紹介しましょう。

　図2・10の企画は、野沢温泉観光協会と株式会社野沢温泉による、一人の年齢を合わせると100歳以上になるペアを対象にしたスキーパックです。2泊4食と野沢温泉スキー場ゴンドラ共通リフト券3日券がセットになっており、これが1月から3月の月曜日、火曜日、水曜日からの宿泊を限定として販売されています。図2・10の左下のパック対応日カレンダーに、月～水が対象であることが表示されています。

　スキー場を訪れるツーリストの多くは週末を利用します。多くの人々は、通勤、通学のために、平日にスキー場に滞在することはできません。この平日利用者の少なさ、施設等の稼働率の悪さは、スキー場に限らず、全国のレジャー、スポーツ施設の大きな悩み事です。そんな利用者が少ない曜日に合わせて、すでにリタイアしているシニア層を呼び込む意図が、スキー場および観光協会にあるのではないでしょうか。対象となるツーリストにとっても、週末に比べて混雑を避けることができ、また週末に比べて安価で温泉地滞在とスキーを楽しむことができ、たいへん好都合です。

　このように、ターゲットとなるツーリストの生活を十分に理解し、それぞれの消費行動に配慮した企画こそがマーケティングの発想によるものであり、ターゲットが見えない思いつきの発想とはまったく異なります。

図2・10　野沢温泉観光協会と株式会社野沢温泉によるスキー100歳パック〔出典：野沢温泉観光協会ホームページ〕

(3) 無形のプロダクトのコンテンツを伝える工夫

　スポーツツーリズムをマーケティングすることにおいて、もっともむずかしい課題の一つが、目に見えないプロダクト（製品）を消費者に伝えることです。スポーツツーリズムは、目に見える物財を主要なプロダクトとして扱っているのではなく、無形のサービス財を売る（提供する）ビジネスを展開しています。

　家電や車のような物財は、消費者が店頭で見て、触って、動かして、その機能、その質の良さを認識し、自身が求めているものと一致しているかどうかを確認してから購入することができます。一方、サービス財は、その確認が消費前には十分にできません。まさに百聞は一見にしかず、いくら文字で表記しても、声で伝えても、体験するまではその品質が認識できません。観光協会、観光施設、スポーツ組織、そして旅行会社が、広告、広報活動において苦労しているのは、この点ではないでしょうか。

　この伝達が困難なプロダクトを消費者に伝える工夫の一つとして、映像の利用があります。言葉や写真のように瞬時に何かを伝えることはできませんが、多くの人がパソコン、タブレットやスマートフォンを利用している現在では、3分程度の時間さえあればプロダクトの内容とその魅力を十分に伝えることが可能になります。

　図2・11は、みなかみ町観光協会公式サイト（ホームページ）にリンクがある MINAKAMI TV.com のページです。「みなかみ町がお届けする感動映像メディア」と題して、みなかみ町を知ってもらうための高画質収録したさまざまな映像が、みなかみ町観光課によって準備されています。「自然」「アクティビティ」「温泉」など六つのカテゴリーに分けられ、各カテゴリーに五つから七つの映像が収録されています。動きのある映像は、その町で体験できることの魅力を、

図2・11　映像で魅力を伝える MINAKAMI TV.com　〔出典：MINAKAMI TV.com ホームページ〕

言葉や写真以上に伝える機能を持っています。実際に体験している人々の映像も含まれているため、それぞれが自身に置き換えて体験を想像することもできるでしょう。これらが、ツーリストの意思決定にプラスに働いていることは容易に想像できます。また、一度訪れたツーリストが、懐かしく見ることもできるため、再訪を促すことにも効果を発揮していると考えられます。

(執筆：松岡宏高)

引用文献 (掲載順)
- Gunn, C. A. (1979) *Tourism planning*, New York: Crane Russak
- Klaus, Ph. & Maklan, S. (2011) 'Bridging the gap for destination extreme sports - a model of sports tourism customer experience', *Journal of Marketing Management*, 27, 13 - 14, pp. 1341 - 1365
- 早稲田大学スポーツビジネスマネジメント研究室（2010）「トライアスロン参加者調査報告書」
- 株式会社日本能率協会総合研究所（2014）『トレイルランニングに関する実態調査』
- JTUC（公益社団法人日本トライアスロン連合）・早稲田大学原田宗彦研究室（2012）『第3回トライアスロン参加者調査報告書』
- Visit Britain (2014) http://media.visitbritain.com/News-Releases/900-000-FOOTBALL-WATCHING-VISITORS-SPEND-706-MILLION-WHILE-IN-BRITAIN-b06b.aspx
- 新潟市文化・スポーツコミッション（2014）『Jリーグ・アウェイサポーター誘客事業実績報告書』
- 早稲田大学スポーツビジネスマネジメント研究室（2014）「さいたまクリテリウム by ツール・ド・フランス観戦者調査」
- 社会生産性本部（2014）『レジャー白書2014』
- American Marketing Association (2007) *Definition of Marketing*
- J・クロンプトン&C・ラム著、原田宗彦訳（1991）『公共サービスのマーケティング』遊時創造
- Kotler, P. (2000) *Marketing Management*. Prentice Hall
- C・ラブロック&J・ウィルツ著、白井義男監修、武田玲子訳（2008）『ラブロック&ウィルツのサービス・マーケティング』ピアソンエデュケーション
- ニセコリゾート観光協会（http://www.niseko-ta.jp/）
- ニセコ町（2013）『ニセコ町観光統計』(観光入込客数調査など) 平成25年度版』（http://www.town.niseko.lg.jp/machitsukuri/tokei/post_113.html）
- 野沢温泉観光協会（http://nozawakanko.jp/recommendplan/index2.php）
- MINAKAMI TV.com（http://minakami-tv.com/）

第  章

スポーツツーリストはどのように行き先を決めているか

Fish Man Race in 静岡・焼津港〔提供：一般社団法人ウィズスポ〕

1 スポーツツーリストの意思決定メカニズム

1. スポーツツーリストの意思決定

　スポーツツーリストとは、日常生活圏外の場所に一時的に滞在してスポーツにかかわる活動をする人々を指します。図3・1に示したとおり、スポーツツーリストは、「する」「観る」「支える」といった、さまざまな形態でスポーツに取り組むために、デスティネーション（旅行目的地）に赴くのです。

　「する」スポーツに参加するスポーツツーリストは、スポーツイベント開催地や自然資源を有するフィールドを目的地として、スポーツ参加やアウトドアスポーツ体験をするために旅行をすることを決めます。競技志向でサイクルロードレースに出場するレーサーは、自転車を輪行してレース開催地に向けて出発します。レクリエーション志向で都市型市民マラソンに出場するランナーは、観光を楽しむことも含めてマラソン開催地に宿泊します。健康志向でウオーキングイベントに参加するウオーカーは、自分の体力に見合った大会で歩きます。自然志向でカヌーツーリングに参加するカヌーイストは、魅力のある自然体験ができる清流を下ります。「する」スポーツツーリストは、スポーツイベントがどこで開催されるのか、また、自然環境の資源がどれくらい魅力的なのか、というように能動的にデスティネーションを評価することによって意思決定を行っています。

　「観る」スポーツを観戦するスポーツツーリストは、試合開催地やスポーツ遺産のある博物館を目的地として、スポーツ観戦や応援、スポーツ展示の見学をするために旅行をすることを決めます。プロスポーツのJリーグサポーターは、アウェイ観戦ツアーで応援に訪れます。アスリート・スポーツの応援者は、オリンピック開催地まで日本代表選手を追っかけます。パフォーマンス・スポーツの鑑賞者は、フィギュアスケート選手権大会で審美的な演技を観ます。ノ

「する」スポーツ	「観る」スポーツ	「支える」スポーツ
・競技志向スポーツ ・レクリエーション志向スポーツ ・健康志向スポーツ ・自然志向スポーツ	・プロスポーツ ・アスリート・スポーツ ・パフォーマンス・スポーツ ・ノスタルジア・スポーツ	・スポーツ・ボランティア ・競技役員・補助員 ・スポンサー関係者 ・メディア関係者

図3・1　スポーツツーリストのタイプ

スタルジア・スポーツの見学者は、秩父宮記念スポーツ博物館でスポーツ展示品を見ます。「観る」スポーツツーリストは、観戦したいスポーツイベントがどこで開催されるのか、また、見学したいスポーツ遺産がどこで展示されているのか、というように受動的にデスティネーションを確認することによって意思決定を行っています。

「支える」スポーツを支援するスポーツツーリストは、スポーツイベントの開催地を目的地として、ボランティア活動や運営業務をするために旅行をすることを決めます。都市型市民マラソンのスポーツボランティアは、マラソン大会の運営をイベント開催地で手伝います。世界陸上競技選手権大会の競技役員は、公認審判員として大会開催地で大会を運営します。スポンサー関係者は、協賛するイベントの開催地でプロモーション活動をします。メディア関係者は、報道関係者としてイベント開催地で取材をします。「支える」スポーツツーリストは、ボランティアや運営者として開催地に出向き、また、ビジネスとして開催地に出張する、というようにデスティネーションが決定すると必然的に意思決定を行っています。

2. スポーツツーリストの意思決定モデル

図3・2では、消費者行動モデルをツーリスト行動に適用したマシソンとウォール〔Mathieson and Wall 1982〕の意思決定モデルを改変し、スポーツツーリストの行動モデルを提示しました。ここでは、スキー旅行を例にとりスポーツツーリストの意思決定プロセスについて説明します。

まず、スポーツツーリスト行動を生起させる心理的原動力は人間の欲求ですが、その抽象的な段階をニーズと呼び、そのニーズが具体化されるとウォンツと呼ばれます。スポーツツーリストは、個人が置かれている社会的環境や個人のスポーツ経験にもとづき、スポーツツーリズ

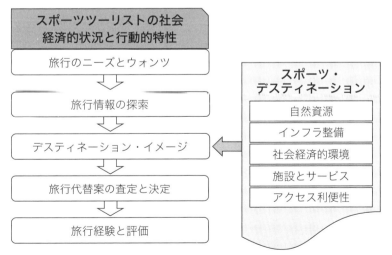

図 3・2　スポーツツーリストの意思決定プロセス〔出典：Mathieson and Wall 1982, p.27 を改変して作成〕

ムに対するニーズとウォンツをもちます。人々はスポーツを目的とした旅行がしたいと意識することによってニーズをもつと、個人の所得、学歴、職業、などの社会経済的特性（SEC：Social Economic Characteristics）に規定されたり、過去のスポーツを目的とした旅行経験を想起こしたりして、どのような旅行をするのかを具体化したウォンツをもつようになります。たとえば、スポーツツーリストの場合、久しぶりにスキーがしたいなというニーズをもつと、金銭的余裕や休暇日数を考慮して3泊4日のスキー旅行に行きたいというウォンツをもつことになります。

　スポーツツーリストは、予算制約内で実行可能なもっとも高い価値を与えてくれそうな旅行をしようとして、スポーツツーリズムについての情報を探索します。その情報源は、新聞・雑誌・テレビなどのメディアを通じて情報を入手するマス・コミュニケーションの場合と、知人・友人・家族などから会話を通じて情報が伝達されるパーソナル・コミュニケーションの場合があります。スポーツツーリストの意思決定プロセスにおいては、マス・コミュニケーションによるメディアからの情報が意思決定の刺激となり、パーソナル・コミュニケーションによる個人からの肯定的な情報が意思決定の後押しをします。スポーツツーリストは、スキー旅行のパンフレットを入手したり、スキー場に行ったことのある友人から話を聞いたりして、スキー旅行の情報を収集します。

　自らが集めた情報を参考にして、スポーツツーリストは旅行候補地となったデスティネーションのイメージをつくり上げていきます。ある程度、旅行先のスキー場が選定されてきた段階で、それぞれのデスティネーションの資源と特性から総合的なイメージを思い浮かべて、イメージの善し悪しによって旅行先の候補を絞っていきます。スポーツデスティネーションにおけるスポーツ施設や自然環境の資源、観光のアトラクション、サービスの利用可能性、サービス品質、インフラストラクチャー整備、といったスポーツツーリストを惹きつける要素は、スポーツツーリストのデスティネーション・イメージの形成に大きく影響します。

　スポーツツーリストは、さらに旅行情報の探索を続け、旅行代替案を査定し、旅行先を決定します。スキー旅行の場合、旅行情報を探索しながらスキーツアーの代替案を査定することによって、デスティネーションを決定することができれば、スキー旅行の旅支度をすることになります。

　いよいよ旅行に出かける準備をして、スポーツツーリズムの旅行経験をしたあと、スポーツツーリストはその経験を評価することによって、今後のスポーツ旅行を意思決定する際の参考にします。そして、次のスポーツツーリズムの機会には、同じスキー場のリピーターになるのか、他のスキー場に乗り換えるのか、といった判断材料にします。

3. スポーツツーリスト行動モデルの進展

　コトラー、カルタジャヤ、セティアワン〔2010〕は、マーケティングの考え方が、製品中心

のマーケティング1.0の時代から、消費者中心のマーケティング2.0の時代へと移行し、さらにソーシャルメディアが普及したことで人間中心のマーケティング3.0の時代にバージョンアップしたと指摘しています。図3·3は、マーケティング1.0からマーケティング2.0の時代、さらにマーケティング3.0の時代を迎えたことで、スポーツツーリスト行動を理解するためのモデルが、AIDMAからAISAS、そしてAIDEESへと進展したことを示しています。

(1) スポーツツーリスト行動のAIDMAモデル

マーケティングの分野においては、消費者が商品の情報を入手して購入にいたるプロセスを説明したAIDMAモデルが、消費者の購買行動を理解するために適用されてきました。AIDMAモデルとは、消費者が商品を購入しようとするときの反応が、注目（Attention）、関心（Interest）、欲求（Desire）、記憶（Memory）、行動（Action）というプロセスで生じるという法則です。消費者が新聞、雑誌、ラジオ、テレビ、といったマスメディアから情報を入手して商品を購入する意思決定プロセスを説明しています。

スポーツツーリストが、旅行に行くことを意識してから実際に旅行に行くまでの行動は、消費者の購買行動を理解するためのAIDMAモデルで説明することができます。AIDMAモデルは、スポーツツーリストが実際に旅行に行くまでの一連の行動プロセスを示しています。この行動プロセスでは、スポーツツーリズムに注意を払っていない無関心段階の人が、スポーツに参加することを意識する注目段階となり、興味をもつことで関心段階となります。その後、スポーツを実施する場所に行きたいという欲求段階を経て、いくつかの場所を候補地として覚える記憶段階となります。そして最終的に、もっとも満足が得られそうな場所を訪問してスポーツをする行動段階となります。このように、スポーツツーリストが実際にスポーツをするためにデスティネーションを訪問するまでのプロセスをAIDMAモデルによって説明することができます。

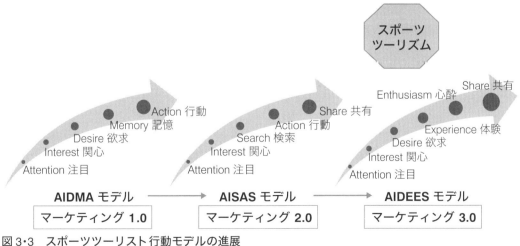

図3·3　スポーツツーリスト行動モデルの進展

(2) スポーツツーリスト行動の AISAS モデル

　『平成 26 年版情報通信白書 ▷ 用語集』〔総務省 2014〕によると、インターネット利用者数は 1 億人を超えており、82.8％の人口普及率となっています。13 歳から 59 歳までの世代別インターネット利用率は 9 割を超えており、インターネットの利用が浸透していることが分かります。情報通信機器の世帯普及率をみると、携帯電話・スマートフォンが 94.8％、パソコンが 81.7％ となっており、インターネットを利用した情報環境が整っています。インターネットの利用目的は、電子メールの送受信が 69.9％でもっとも多く、商品・サービスの購入取引が 57.2％、動画投稿・共有サイトの利用が 48.4％と続いています。

　近年、インターネットを通じて商品の情報を入手することが多くなっていることから、ウェブサイトを活用した情報収集を取り入れた AISAS モデルが、消費者の購買行動を説明するにあたり有効になりました。AISAS モデルとは、消費者の購買行動が、注目（Attention）、関心（Interest）、情報検索（Search）、行動（Action）、情報共有（Share）というプロセスで生じるという法則です。AISAS モデルは、スポーツツーリストがインターネット検索をしてウェブサイトの情報を頼りに旅行に行き、その経験談を情報としてウェブサイト上で発信するという一連の行動プロセスを示しています。この行動プロセスは、スポーツをすることを意識した注目段階と興味をもった関心段階を経た人が、インターネットを活用して情報収集を行う検索段階となり、もっとも満足が得られそうな場所を探し出して訪問する行動段階となります。そして、スポーツツーリズム経験をウェブサイト上で公開し、仲間や他のスポーツツーリストに情報として発信する共有段階となります。このように、スポーツツーリストがインターネットを活用して情報を収集することでデスティネーションを決定し、ウェブサイトを通じてスポーツツーリズム経験の情報を発信して共有していることを AISAS モデルによって説明することができます。

(3) スポーツツーリスト行動の AIDEES モデル

　社会環境における技術革新が消費者と企業（組織）をつなぐマーケティングに変化をもたらしてきました。コトラー、カルタジャヤ、セティアワン〔2010〕によると、生産技術の進歩によって製品中心のマーケティング 1.0 が生みだされ、情報技術（IT）とインターネットの普及によって消費者志向のマーケティング 2.0 の時代を迎え、さらに、ニューウェーブの技術によって価値主導のマーケティング 3.0 の時代に突入したことが指摘されています。ニューウェーブ技術の一つに、個人や集団が交流する表現型ソーシャルメディア（ブログ、ツイッター、ユーチューブ、フェイスブック、など）があり、多数対多数の協働が可能になったことによって機能的・感情的・精神的価値を提供するマーケティングが求められています。マーケティング 3.0 の時代を迎えたスポーツツーリスト行動を説明するには、AIDEES モデルが有効です。AIDEES モデルとは、消費者の購買行動が、注目（Attention）、関心（Interest）、欲求（Desire）、体験（Experience）、心酔（Enthusiasm）、情報共有（Share）というプロセスで生じるという法則です〔片平 2006〕。

AIDEESモデルは、ソーシャルメディアで情報を受発信することにより仲間と情報を共有するという一連の行動プロセスを示しています。この行動プロセスは、スポーツをすることを意識した注目段階と興味をもった関心段階を経た人が、スポーツを体験したいという欲求段階を経て、もっとも満足が得られそうな場所を訪問してスポーツをする体験段階となります。そして、期待以上のスポーツ体験をして感動する心酔段階となり、そのスポーツ体験の感動を仲間に知ってもらうために情報を発信する共有段階となります。このように、スポーツツーリストがソーシャルメディアを通じて感動を覚えたスポーツ体験を仲間と共有するプロセスをAIDEESモデルによって説明することができます。スポーツ体験によって感動したスポーツツーリストは、その心酔状態を仲間に伝えて共有したいという衝動に駆られ、他者に対してスポーツツーリズムを推奨するオピニオン・リーダーの役割を果たすことになります。

4. 経験経済と経験価値マーケティング

　パインとギルモア〔2005〕は、『経験経済』というビジネス書において経験という「コト」の経済価値の重要性を指摘しています。消費者の経験価値は、サービスが提供される場を舞台にして、製品を小道具に使って、顧客を魅了するときに生じ、サービスが思い出に残る出来事に変わったときに創造されます。図3・4では、スポーツツーリストのマラソン大会出場を例にして、製品からサービスへ、サービスから経験へと進展していく、スポーツイベントの経験価値について解説します。

　ランナーがマラソン大会に出場するためにランニングシューズを購入した場合、スポーツ用具という「モノ」を所有することで消費による満足を得ます。スポーツ用具を製造しているスポーツ用品メーカーがスポーツイベントに協賛するのは、消費者にモノを所有するだけでなく使用する価値を認めてもらう機会となるからです。スポーツツーリストは、マラソン大会に出

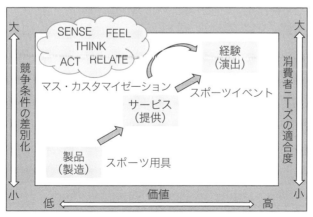

図3・4　スポーツイベントの経験価値〔出典：パインとギルモア 2005、p.123を改変して作成〕

場するときに、ランニングシューズやウェアを身にまとい、マラソンを走ることによって思い出に残るコトに価値を見出したいと思っています。スポーツイベントの主催者は、走る場を提供するサービスだけに終わるのではなく、カスタマイズして自らが手掛けるマラソン大会に独自の付加価値をつけることよって、他のマラソン大会との差別化を図ることが可能となります。マラソン大会参加者に対応したカスタマイゼーションが実現すれば、ランナーの思い出に残るコトを演出することができ、スポーツツーリストの経験価値を高めることにつながるでしょう。

　シュミット〔2000〕は、ビジネス書『経験価値マーケティング』において、製品やサービスがもつ機能や便益以外に「プラスαの魅力」を消費者が求めており、心地よい経験価値が消費者を惹きつけると唱えています。経験価値は、人々の「感覚、感情、精神への刺激によって引き起こされ、経験価値マーケティングでは、感覚的、情緒的、認知的、行動的、関係的価値が機能的価値に取って代わる」価値を提供することを可能にします。感覚的経験価値（SENCE：感覚）は、顧客の視覚、聴覚、触覚、味覚、嗅覚の五感を通じて生みだされます。情緒的経験価値（FEEL：感情）は、顧客の内面にあるフィーリングや感情への訴求によって引き出されます。創造的・認知的価値（THINK：認知）は、顧客の創造力を引き出して知性に訴求することによってもたらされます。身体的経験価値（ACT：行動）は、身体的経験、ライフスタイル、他の人との相互作用を通じて顧客の生活を豊かにします。準拠集団や文化との関連づけ（RELATE：関係）は、自分の理想像や特定の文化やグループに属しているという感覚をもたせることによって構築されます。

　京都マラソンが他のマラソン大会との差別化戦略として取り組んでいる事例〔京都マラソン2015実行委員会 2015〕をとおして経験価値マーケティングについてみていきます。京都マラソンは、「国際文化観光都市」「山紫水明の地」「大学のまち」「ロードレースのまち」といった魅力

図3・5　防寒衣類の回収（京都マラソン）

図3・6 絆ワッペン（京都マラソン）

を兼ね備えたコースを設定しており、1200年の都「京都」を走るという特別な感動を味わうことができます。

　また、「DO YOU KYOTO？マラソン―環境先進都市・京都にふさわしい大会―」「東日本大震災復興支援―息の長い支援を京都から―」の二つのコンセプトを掲げることで、「京都マラソン」ブランドの構築に成功しています。「DO YOU KYOTO？」は、「環境にいいことしていますか？」という意味の合い言葉であり、「水道水を利用した給水の実施」「マイボトル給水の実施」「カーボン・オフセットの実施」「京都市認定エコイベント登録」「ノーマイカーデーの取り組み」「印刷物のペーパーレス化」「スタート会場での防寒衣類回収（図3・5）とリユース・リサイクル」といった環境への取り組みが実施されています。東日本大震災復興支援の方策では、「被災者枠の設定」「義援金の寄付」「絆ワッペン（図3・6）の作成」「復興支援メッセージのゼッケン印字」「スタート前の黙とう」「復興支援イベントの開催」といった復興支援への取り組みが行われています。これらの取り組みを通じて、京都マラソンを走ったランナーの感覚、感情、精神が刺激され、思い出深いコトとして印象に残ることで、スポーツツーリストの経験価値が高められます。

2 スポーツデスティネーション

1. スポーツデスティネーションと地域への愛着

(1) スポーツデスティネーションとは何か

　ツーリズム分野においてデスティネーションは、訪問者のニーズを惹きつける場所であり、その場所への旅行を促すために必要な資源、インフラストラクチャー、サービスが存在している〔Higham 2007〕と説明されています。これに従うと、スポーツデスティネーションとは、スポーツツーリズムの資源になりうる自然環境、スポーツ空間、スポーツ施設、スポーツサービスが存在し、スポーツツーリストを惹きつける魅力的な場所であると定義することができます。たとえば、「する」スポーツのデスティネーションは、スキーやスノーボードを実施するために滞在するニセコリゾートです。また、「観る」スポーツのデスティネーションは、プロ野球を観戦するために行く甲子園球場です。そして、「支える」スポーツのデスティネーションは、京都マラソンのボランティアとして支援するために訪れる京都というまちということになります。

(2) スポーツツーリストのデスティネーション・イメージ

　スポーツツーリズムのデスティネーション・イメージとは、スポーツを目的として訪問する特定の場所に対するスポーツツーリスト、あるいは潜在的なスポーツツーリストが抱く知覚や印象です。その場所に訪問したことがあるスポーツツーリストは、そのときのスポーツツーリズム経験を通して、デスティネーション・イメージを形成します。訪問したことがない潜在的なスポーツツーリストは、メディアや口コミから入手した情報にもとづいてデスティネーション・イメージを形成しています。同志社大学二宮研究室〔2013〕による、都市型市民マラソン参加者のデスティネーション・イメージの分析では、京都マラソン2011参加者（3477人）と奈良マラソン2010参加者（3236人）を対象にマラソン大会の開催地に対して、「まったく当てはまらない」（1点）から「非常に当てはまる」（7点）までの7段階の評定尺度を用いてデスティネーション・イメージの測定を行いました。分析の結果（図3・7）、マラソン参加者のデスティネーション・イメージは、京都と奈良ともに「歴史的建造物がある」「観光スポットがある」「美しい景観がある」といった項目の得点が高く、観光都市として認知されていることがうかがえました。デスティネーション・イメージを比較すると、京都は「宿泊施設が充実している」

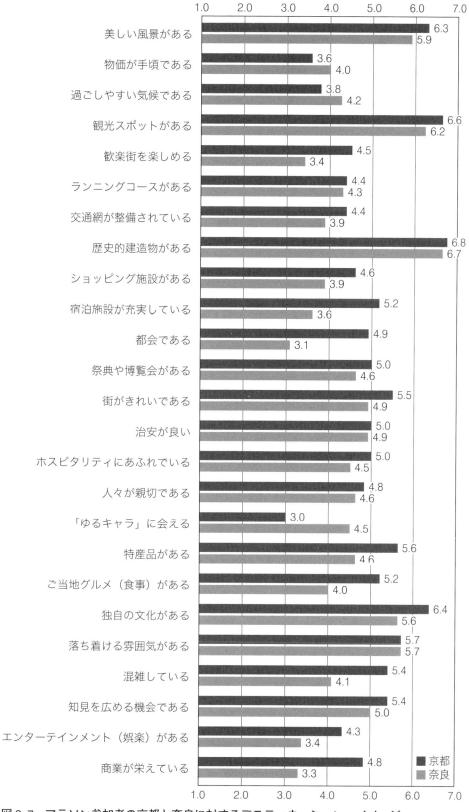

図3・7　マラソン参加者の京都と奈良に対するデスティネーション・イメージ

「都会である」「商業が栄えている」といった項目の得点が高くなっており利便性が高いイメージがもたれていることが分かります。一方、奈良は「物価が手頃である」「過ごしやすい気候である」「ゆるキャラに会える」といった項目の得点が高く、のどかに過ごすことができそうなイメージであることが分かりました。

(3) デスティネーション・イメージと地域愛着

　キャプラニドゥら〔Kaplanidou 2012〕は、フルマラソンとハーフマラソンの参加者を対象とした調査研究を行い、スポーツイベントが開催される場所のデスティネーション・イメージの知覚が、スポーツツーリストの行動意図や地域愛着に影響を与えることを明らかにしています。ヒダルゴとヘルナンデス〔Hidalgo and Hernandez 2001〕は、地域愛着を人と特定地域との感情的なきずな、または、つながりであると定義しています。つまり、地域愛着とは、個人が感情的な結びつきによって、ある特定の場所に積極的に接近しようとする傾向を指しています。スポーツツーリストは、スポーツをするための特定のデスティネーションに対して、自分と強い結びつきがあると意識する地域同一性と、他の場所よりも満足が得られると認識する地域依存性をもつことによって、地域に対する愛着を抱くようになります。

　図3・8には、スポーツツーリストがスポーツイベントに参加することによって、開催地域であるデスティネーションに対するイメージを高め、その結果、デスティネーション・イメージの向上が、スポーツイベント開催地域への愛着を高め、また、スポーツイベントへの参加継続やデスティネーションへの再訪の行動意図を高める、という影響を及ぼすことを図示しました。

　スポーツツーリスト行動の分析〔Kaplanidou 2012〕では、ツーリズム経験の質、デスティネーションの魅力、デスティネーションの環境、イベントの特性といったデスティネーション・イ

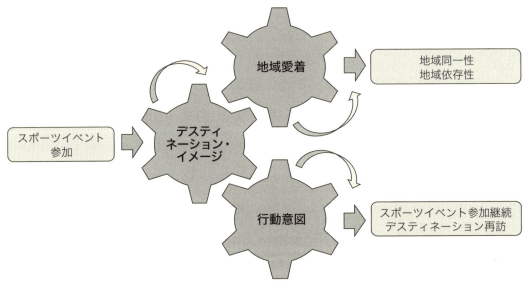

図3・8　スポーツツーリストによるデスティネーション・イメージの影響

メージ要因が、次年のイベントに参加する、休暇にデスティネーションを再訪する、他人にこのイベントやデスティネーションを推奨する、といった行動意図や、地域同一性や地域依存性といった地域愛着を高めることが検証されています。デスティネーション・イメージのなかでも、イベントの格や開催地、参加費といったイベントの特性が次回に参加するかどうかの決定に影響を与え、天候が良いことや旅行のしやすさ、治安の良さといったデスティネーションの環境が口コミを促すという研究成果が得られています。以上のことから、イベント終了後にツイッターやフェイスブックのようなソーシャル・ネットワーキング・サービス（SNS）のツールを活用することで口コミ効果を期待することができると言えるでしょう。

2. スポーツデスティネーションの現状

筆者〔二宮2009〕は、ネイロッティ〔Neirotti 2004〕が提示したスポーツツーリズムの実態モデルを踏まえて、日本におけるスポーツツーリズムの諸相を明らかにしました。図3・9では、最近のスポーツツーリズムの実情に合わせたスポーツツーリズムの構図にもとづき、スポーツツーリストの選択対象となるデスティネーションの諸事象を例示しています。ここでは、アトラクション、リゾート、ツアー、イベントといった四つの主要領域におけるデスティネーションを取り上げて、地方自治体、スポーツ組織、観光業、旅行業といったステークホルダーとの関係について説明します。

(1)アトラクション

スポーツツーリズムのアトラクションは、スポーツに関係する資源を有する場所であり、それに惹きつけられた旅行者がスポーツを実施したり見学したりするデスティネーションです。アトラクションとしては、スポーツ遺産、スポーツ博物館、最新技術のスポーツ施設といった

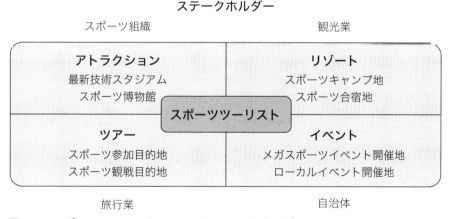

図3・9　スポーツデスティネーションとステークホルダー

デスティネーションがあげられます。

　スポーツに関係するミュージアムとしては、オリンピックやワールドカップのようなメガスポーツイベントを開催した記念に開設された秩父宮記念スポーツ博物館、札幌ウインタースポーツミュージアム、長野オリンピック記念館といった施設があります。1998年に開催された長野冬季オリンピックの開会式・閉会式に使われた長野オリンピックスタジアムは、オリンピック終了後、仮設スタンドが撤去されて南長野運動公園総合運動場野球場に改築されました。長野県営のスポーツ拠点として活用されており、プロ野球の公式戦や長野オリンピック記念長野マラソンが開催されています。

　また、スポーツイベントやプロスポーツをテーマとした箱根駅伝ミュージアム、野球体育博物館があり、スポーツ用品メーカーの歴史を展示したミズノスポートロジーギャラリー、大リーグで活躍したスポーツ選手の栄光を展示した松井秀喜ベースボールミュージアムなどがあります。

　2020年東京オリンピック・パラリンピックの招致が決定し、大会準備のため、都内にある31施設が新設、仮設、改修される計画です〔体育施設出版編集部2014〕。1964年東京オリンピックのメーン会場であった国立競技場を建て替えることによって、新たな時代のシンボルになりうる8万人収容の新国立競技場が建設されることなり、2019年ラグビーワールドカップに間に合うように完成を目指すことになりました。

(2)リゾート

　スポーツツーリズムの受け皿となるリゾートは、良好な自然環境や生活環境が整った場所に滞在してスポーツ活動を行うことができるデスティネーションです。整備されたスポーツ空間においてゴルフ、テニスをはじめとしてスノースポーツやマリンスポーツを楽しむことができ、専門知識を有するインストラクターの指導やスポーツ体験のプログラムを受けることもできます。リゾートほどの良好な自然環境や生活環境が整っていない場所でも、自然資源を活用してスポーツの場として整備された空間や、人工的にスポーツの場として建設された施設を保有し、食事の提供がある宿泊施設が存在する地域では、スポーツキャンプやスポーツ合宿のデスティネーションとしてスポーツツーリストを受け入れることができます。温暖な気候や良好な自然環境に恵まれた地域では、プロスポーツのキャンプや高校や大学のスポーツ合宿を誘致することによって、デスティネーションとして成功を収めています。

(3)ツアー

　スポーツツーリズムのツアーには、スポーツ施設を利用したり、プロスポーツを観戦したり、スポーツ遺産を見学したりすることを目的とした旅行者が参加します。旅行会社は、旅行の基本的な要素となる交通、宿泊、食事を付加したパッケージを提供する一方で、それらに加えて

観戦チケット、交流パーティー、関係者とのレセプションを組み込んだパッケージを用意しています。旅行業者の多くがスポーツをテーマとしたツアーを商品化する動きにあります。主要旅行業者のウェブサイトでは、マラソン、ロードレース、トレッキング、ハイキング、ウオーキング、ゴルフ、ダイビングなどの参加型ツアー、野球、サッカー、ラグビー、モータースポーツなどの観戦型ツアーがスポーツツーリズムの商品として掲載されています。海外の主要なマラソン大会に参加するツアーも多く企画されており、海外スポーツイベント市場が新たに開拓されています。

(4)イベント

　スポーツツーリズムの対象となるイベントは、オリンピックやワールドカップといったメガスポーツイベントから、国際スポーツイベント、国内スポーツイベント、地方スポーツイベントまで、その規模に応じて分類することができます。スポーツイベントには多くの観戦者や参加者が開催地を訪問します。このことから、開催都市では、スポーツイベントによる地域への経済効果を見込んでいます。また、地域に根ざしたスポーツイベントでは、参加者以外にコーチ、審判、ボランティア、メディアが訪問することによる地域活性化が期待されています。2020年東京オリンピック・パラリンピックでは、開催地である首都圏に大きな経済波及効果を見込むことができるだけでなく、オリンピック開催前にスポーツ合宿を積極的に誘致しようとする地方自治体の動きが活発化することが予想されます。

　2007年に始まった東京マラソンは、大規模なマラソン大会を大都市で成功させた、わが国における最初の成功事例となりました。これを受けて、関西においても大阪マラソン、京都マラソン、神戸マラソンといった数万人規模の都市型市民マラソンが2010年以降、経済や地域の活性化を期待して開催されるようになりました。地域活性化に寄与している地方イベントとしては、ウオーキング大会、サイクリング大会、トライアスロン大会などが開催されています。

3 インバウンド旅行者

1. 訪日外国人旅行者の動向

　日本政府観光局（JNTO）▷用語集〔2014〕によると、2014年の訪日外国人旅行者数は、1341万人（対前年比29.4％増）となり、初めて年間1000万人を突破した2013年以後、東アジア・東南アジアでのビザ緩和や訪日プロモーションが功を奏して過去最高を記録しました。国・地域別にみると、アジア（台湾、香港、シンガポール、タイ、マレーシア、インドネシア、ベトナム、インド）の8カ国・地域と、豪州、フランスを加えた合計10カ国・地域において年間訪日旅行者数が大きく伸びています。

　国土交通省観光庁観光戦略課調査室〔2014〕による「訪日外国人の消費動向」調査をみると、日本滞在中にしたことでは、「日本食を食べること」「ショッピング」「繁華街の街歩き」「自然・景勝地観光」「日本の酒を飲むこと」が上位になっており、飲食、ショッピング、観光地巡りといった観光が行われています。次回に日本を訪れたときにしたいことでは、「日本食を食べること」「温泉入浴」「ショッピング」「自然・景勝地観光」「四季の体感」「繁華街の街歩き」「日本の歴史・伝統文化体験」の順となっており、上記の日本滞在中にしたことであげられていること以外に、温泉、四季、文化といった体験を希望していることが分かります。スポーツツーリズムに関係することでは、今回に実施した活動の割合は数％に留まっていますが、スキー・スノーボードが14.9％、スポーツ観戦が11.6％、ゴルフが5.1％の割合で次回に実施することを希望しており、スポーツツーリズムに対する潜在的な需要があることがうかがえます。今後、インバウンド旅行者がスポーツツーリズムに関心を向けるための方策を検討するには、どういったデスティネーションが外国人スポーツツーリストを惹きつけるのかを理解することが求められるでしょう。

2. スキーリゾートにおける外国人スポーツツーリストの行動

　ニセコリゾートは、北海道・道央地区の西部に位置し、東に国立公園羊蹄山（1898 m）、北に国定公園ニセコアンヌプリ（1309 m）の山岳に囲まれた丘陵盆地です〔ニセコリゾート観光協会 2011〕。グラン・ヒラフのスキー場は、スキーヤーやスノーボーダーを惹きつけるパウダースノ

ーが体験できることが評判となり、2002年頃を境にオーストラリアやニュージーランドからの訪問者が急増するようになりました。宿泊施設、レストラン、温泉などの施設も充実していることから東アジアからの訪問者も増加し、ニセコは世界的なスキーリゾートとして人気を集めています〔ニセコプロモーションボード 2011〕。

二宮、工藤、石澤〔2011〕は、ニセコリゾートにおける訪日外国人スキーヤーとスノーボーダーを対象として、英語および中国語の質問紙を用いた調査を実施することによってデータを収集しました。スポーツツーリストの行動を分析するにあたり、消費者行動を解明するためのマーケティングリサーチの手法であるコンジョイント分析を用いました。コンジョイント分析は、複数の要因が組み合わせられた対象物に対する選好順序データを測定し、それらの順序関係が保持されるように、具体的条件に対する選好度を推定する手法です。この調査では、「雪質」「リフト代（8時間）」「ゲレンデでの遭遇」「アフタースキー」といった四つの要因を取り上げて、旅行の条件を設定しました。そして、仮想的なスキー／スノーボード旅行を示した16種類の旅行プランを回答者に提示し、1点から10点までの評定尺度によって測定を行いました。

コンジョイント分析では、スキー／スノーボード旅行の選好をめぐるスポーツツーリスト行動について分析していきます。図3・10には、訪日外国人スキーヤーとスノーボーダーの旅行に対する選好構造を視覚的に示しました（グラフは、要因の重要度に比例して棒グラフの幅が広くなり、それぞれの条件に対する反応がプラス／マイナスの値で表されています）。スキー／スノーボード旅行をする場合に考慮する条件として、各要因に対する重要度についてみていきます。スキーヤー、スノーボーダーともにもっとも重要視された要因は、雪質（スキーヤー：36.9％、ボーダー：38.3％）であり、すばらしい雪質という条件が好まれています。次に重要視された要因は、ゲレ

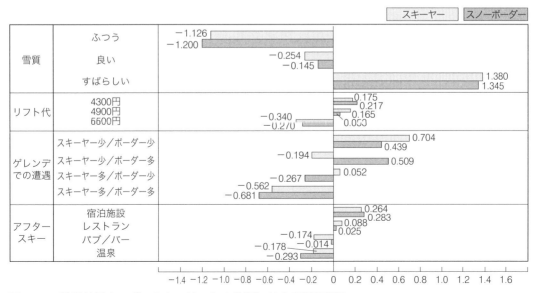

図3・10　訪日外国人スポーツツーリストの旅行に対する選好構造

ンデでの遭遇（スキーヤー：27.6％、ボーダー：26.8％）であり、スキーヤー／スノーボーダーが多いことが嫌がられています。続いてアフタースキー（スキーヤー：21.3％、ボーダー：21.4％）が重要視されており、レストラン・パブでの飲食や温泉よりも、快適な宿泊施設に泊まることが望まれています。リフト料金（スキーヤー：13.9％、ボーダー：13.4％）はあまり重要視されておらず、価格が変動することにあまり反応が示されませんでした。このようなコンジョイント分析を適用したスポーツツーリスト行動研究の成果は、スキーヤー／スノーボーダーの旅行に対する選好を把握することができることから、スキー場の環境づくり、施設整備、価格設定といったマネジメントに役立つ基礎資料となります。

(執筆：二宮浩彰)

引用文献（掲載順）
- Mathieson, A. and Wall, G. (1982) *Tourism: Economic, Physical, and Social Impacts*, Longman. pp. 14 - 34
- P・コトラー＆H・カルタジャヤ＆I・セティアワン著、恩蔵直人監訳、藤井清美訳（2010）『コトラーのマーケティング 3.0 ―ソーシャル・メディア時代の新法則』朝日新聞出版、pp. 15 - 45
- 総務省（2014）『平成 26 年版情報通信白書』pp. 337 - 353
- 片平秀貴（2006）「消費者行動モデルは AIDMA から AIDEES の時代へ」『日経 BP LAP』Vol. 18、pp. 1 - 4
- B・J・パインⅡ＆J・H・ギルモア著、岡本慶一・小髙尚子訳（2005）『経験経済―エクスペリエンス・エコノミー』ダイヤモンド社、pp. 118 - 138
- B・H・シュミット著、嶋村和恵・広瀬盛一訳（2000）『経験価値マーケティング―消費者が「何か」を感じるプラスαの魅力』ダイヤモンド社、pp. 87 - 129
- 京都マラソン 2015 実行委員会（2015）『KYOTO MARATHON 2015 大会公式プログラム』
- Higham, J. (2007) 'Sport tourism destinations: issues, opportunities and analysis', *Sport tourism destinations*, ELSEVIER, pp. 1 - 14
- 同志社大学二宮研究室（2013）『スポーツ・マーケティング ゼミナール論文集 第 2 号』pp. 89 - 154
- Kaplanidou, K., Jordan, J. S., Funk, D. and Rindiger, L. L. (2012) *Recurring Sport Events and Destination Image Perceptions: Impact on Active Sport Tourist Behavioral Intentions and Place Attachment*, pp. 237 - 248
- Hidalgo, M. C. and Hernandez B. (2001) Place Attachment: 'Conceptual and Empirical Questions', *Journal of Environmental Psychology*, Vol. 21, pp. 273 - 281
- 二宮浩彰（2009）「日本におけるスポーツ・ツーリズムの諸相：スポーツ・ツーリズム動的モデルの構築」『同志社スポーツ健康科学』創刊号、pp. 9 - 18
- Neirotti, L. D. (2004) 'An Introduction to Sport and Adventure Tourism', *Sport and Adventure Tourism*, The Haworth Press, pp. 1 - 25
- 体育施設出版編集部（2014）「TOKYO 2020 組織委員会設立、IOC との折衝開始！競技会場施設整備スケジュールも公表」『月刊体育施設』2014 年 4 月号、pp. 10 - 16
- 日本政府観光局『訪日外客数（2014 年 9 月推定値）報道発表資料』
- 国土交通省観光庁観光戦略課調査室（2014）「訪日外国人の消費動向 平成 26 年 4-6 月期報告書」
- ニセコリゾート観光協会（2011）(http://www.niseko-ta.jp/)
- ニセコプロモーションボード（2011）(http://www.nisekotourism.com/)
- 二宮浩彰・工藤康宏・石澤伸弘（2011）「北海道ニセコリゾート訪日外国人スキーヤー＆スノーボーダー調査研究Ⅲ：スポーツツーリスト行動のコンジョイント分析」『体育社会学専門分科会発表論文集』第 19 号、pp. 245 - 250

第 **4** 章

スポーツイベントのマネジメント

温泉ライダー in 加賀温泉郷〔提供：一般社団法人ウィズスポ〕

1 スポーツイベント業

1. イベント産業とは

　総務省が公表している「日本標準産業分類」には、民間企業だけでなく公務まで、日本に存在するさまざまな業種が分類されています。しかし、そのなかにイベント業という分類はありません（表4・1）。

　それでは、イベントという産業は存在しないのでしょうか。決してそのようなことはありません。

　A〈農業、林業〉からT〈分類不能の産業〉まで大分類がありますが、そのなかの多くを占める第三次産業＝サービス業の多くでイベントが活用されているのはご存じのとおりです。観光と関係の深いM〈宿泊業、飲食サービス業〉でもイベントは多く実施されています。N〈生活関連サービス業、娯楽業〉もしかり、O〈教育、学習支援業〉もP〈医療、福祉〉も、イベントを採り入れていない業界はないでしょう。

　つまり、イベントとは、一つのカテゴリーではなく、産業界横断のソフトコンテンツ手法と言えます。

　イベント産業界とは、あらゆる業界の企業・団体・組織が、あらゆるコンテンツ表現（スポーツや文化、観光や祭り、教育や娯楽など）で、あらゆる場所（観光スポットやスタジアム、ホテルやレストラン、美術館やホールなど）で実施する各種イベントすべてを包摂しています。

表4・1　日本標準産業分類

A	農業、林業	K	不動産業、物品賃貸業
B	漁業	L	学術研究、専門・技術サービス業
C	鉱業、採石業、砂利採取業	M	宿泊業、飲食サービス業
D	建設業	N	生活関連サービス業、娯楽業
E	製造業	O	教育、学習支援業
F	電気・ガス・熱供給・水道業	P	医療、福祉
G	情報通信業	Q	複合サービス事業
H	運輸業、郵便業	R	サービス業（他に分類されないもの）
I	卸売業、小売業	S	公務（他に分類されるものを除く）
J	金融業、保険業	T	分類不能の産業

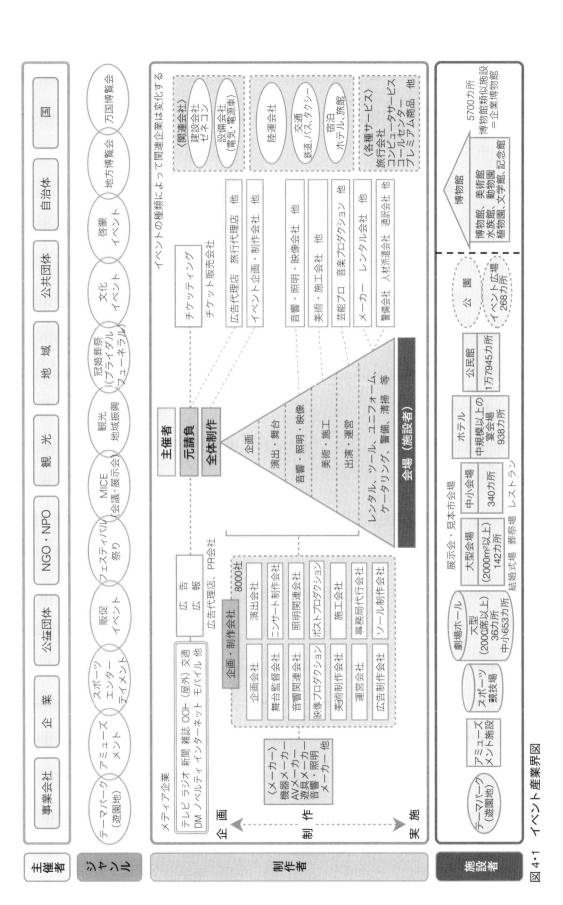

図4・1 イベント産業界図

図4・1は「日本標準産業分類」とは異なるアプローチで、イベント制作専門会社を中心に産業界図を作成したものです。

　主催者も行政から民間企業までまちまち、ジャンルもスポーツもあれば冠婚葬祭もありさまざま、会場もテーマパークから博物館までいろいろです。イベント業が産業界横断のソフトコンテンツ手法であるということが分かるかと思います。

　戦後日本の産業はモノづくり、つまり第二次産業である製造業（車や家電など）が牽引してきました。しかし、現代ではGDPの約75％を占めるのが第三次産業＝サービス業です。それをコトおこしの時代到来と呼べるのではないでしょうか。コトおこしのリーダー、それがまさしくイベントです。

2. イベントの波及効果

　サービス産業界のあらゆる場面で実施されているイベントの市場規模、つまり、イベントでどれほどの経済活動が行われているかについての推計はむずかしいのが事実です。

　イベントは多種・多様・多彩に実施されているため、あらゆる業界からデータを取り寄せなければなりません。一つの成果として、各種イベントへの来場者消費額をまとめた調査があります。それによると、イベントに対するさまざまな支出（出発前、交通費、宿泊費、会場外、イベント後）を含めたイベントの全体消費規模金額は17兆3510億円となっています〔一般社団法人日本イベント産業振興協会 2018〕。

　この調査のポイントは、イベントはイベントそのものだけでなく、周辺のさまざまな生産活動を活発化させる、本番前後に経済的な波及効果を生む強いインパクトを持っている、というイベントの特性に注目していることです。

　イベントが生む経済波及効果には、直接効果と間接効果があります。間接効果にも、一次と二次があります。

　加えて、波及効果は経済的なものだけではありません。イベントは、地域の伝統文化の確認・継承、新しい文化の紹介・普及、実験の場づくり・機会づくりなど、多様な機能と働きを持っ

表4・2　経済波及効果の種類

直接効果	イベント開催に直接関係する投資や消費など 　例：主催者がイベント制作会社に支払う事業費や会場費、来場者が負担する交通費、宿泊費、飲食費など
間接効果 （一次波及効果）	直接効果が誘発する新たな生産の連鎖 　例：会場内の装飾に必要な原材料費や会場内の照明・エアコンなどの燃料費など
間接効果 （二次波及効果）	直接効果および間接効果（一次波及効果）が喚起した新たな生産は、そのその一部が波及先企業の雇用者の所得となり、再び各産業に投入され、さらなる生産活動の連鎖を生む

ていますので、社会的・文化的な波及効果も大きいものがあります。

　そして、忘れてならないのが心理的な波及効果です。2011年の東日本大震災以降途絶えていた東北の祭りが復活することで、人々が元気を取り戻したことは、まだ記憶に新しいことでしょう。イベントが持つ夢と感動の力が、大きく人々の心へ波及していくことも、見逃せない重要な点です。

3. スポーツ産業界とイベント

　イベント産業全体のなかでも、とくに人気が高いコンテンツとして、スポーツがあります。まず、「スポーツ」と「スポーツイベント」との違いについて整理しておきます。「スポーツ」は、個人や仲間、団体などが学校の授業で行ったり、または個人的に楽しんだりする競技としての運動です。

　それにイベントという言葉が付く「スポーツイベント」とは、個人的・仲間内だけでは実施できない公（おおやけ）の大会や規模が大きな試合であり、競技者の他に観客という存在が加わる広く開かれた催事・行事を指します。

　プロの試合として有料の興行も多いため、「スポーツイベント」は経済的にも大きな影響を持っています。スポーツ産業界全体には、ハード的要素のスポーツ製造業（ウェアやシューズ、キャンプ用品や自転車制作など）、スポーツスペース業（ゴルフ場やスキー場、プールやマリーナ、キャンプ場やジムなど）に加えて、ソフト的要素のスポーツサービス業・用品関連（スポーツ用品の卸や販売）・スペース関連（会員制クラブやスクール、スポーツやフィットネスの教育機関など）があり、さらに情報関連（スポーツ旅行、スポーツ番組制作、スポーツ新聞・雑誌制作など）まで幅広いものがあります（図4・2）。

　この情報関連のなかに、スポーツイベント業が含まれています。スポーツ産業界全体で言えば、スポーツイベントもビジネスメニューの一つであると言えます。

　スポーツをコア（核）に、用品を作る、売る、競技する場所を設ける、技術を教える、試合内容を報らせる、勝敗を伝える、指導者を育てるなど、さまざまなビジネスが派生していますが、非日常で規模が大きく、注目度や話題性の大きい特別な催事・行事がイベントです。

　スポーツ業界のなかでも、スペシャルでインパクトの大きなビジネスが、スポーツイベントであると言えるでしょう。

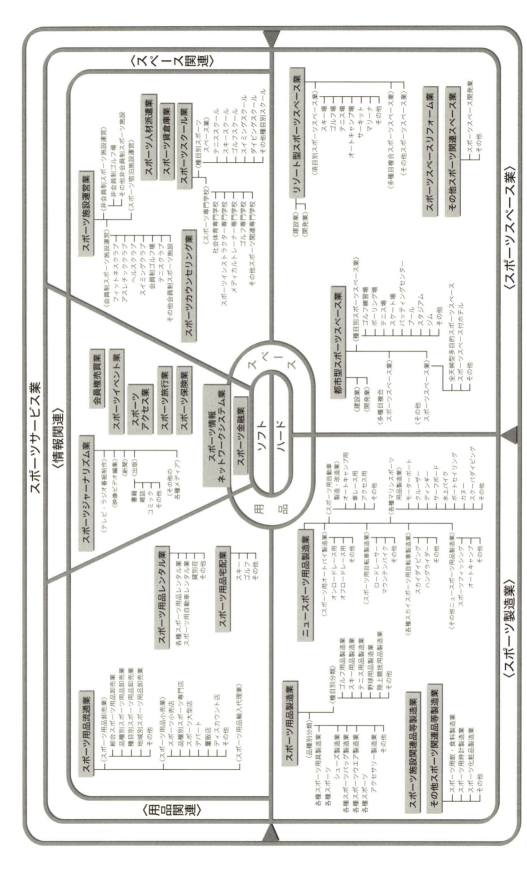

図 4・2 スポーツ産業界図 (出典:通商産業省通商産業政策局 1990)

2 スポーツイベントの構造

1. スポーツイベントの種類

　一口にスポーツイベントと言っても、その種類は多岐にわたりますが、一つの視点として、インドア（屋内）とアウトドア（屋外）に分けられます。

　・インドアスポーツ例
　　卓球、バスケットボール、ボーリング、ビリヤード、体操、水泳、武道　など
　・アウトドアスポーツ例
　　野球、サッカー、ゴルフ、フライングディスク、ファンラン（エンターテイメント性の高いマラソン）、カーレース　など

　ただ、バスケットの場合は屋外で行うストリートバスケットボールがありますし、野球の場合もドーム球場などの屋内で行うこともあります。インドア・アウトドアでの分類もあまり意味がなくなりつつあります。規模が大きい（広い場所、長い場所が必要など）競技が、体育館などの施設に収まらないため、アウトドアで実施していると解釈するべきでしょう。

　アウトドアのなかにも、きちんと整備された競技施設（グラウンドなど）で行うものから、大自然のなかで行うネイチャースポーツ（アドベンチャースポーツ）まで幅広いものがあります。

　ネイチャースポーツは、空から山、海まで、そして春から冬まで独特な競技がダイナミックに展開されています。競技で使う道具や装置も、スカイダイビングでは飛行機、カーレースではレーシングカー、馬術では生体の馬と、じつに多彩です（表4・3）。

　スポーツツーリズムのメインコンテンツとして、インドアスポーツももちろん人気はありますが、より注目性や話題性を得るために、開催地ではスケールの大きな競技を求める傾向もあり、森林公園全体を使ったアウトドアスポーツや開催地の観光スポットである山や海を舞台とするネイチャースポーツを採用することも多いことでしょう。

　当然、インドアよりもアウトドア、アウトドアのなかでもネイチャースポーツのほうが、リスクが高まることは否定できません。大自然を舞台とするスポーツイベントは、天候の激変や競技環境の不安定さ、ハイスピードで選手・チームが競い合うことで、人知では計りしれないアクシデントが想定されます。魅力的でエキサイティングな人気コンテンツであるスポーツイベントは、その反面、高いリスクを孕んでいることも忘れてはなりません。

表4・3　ネイチャースポーツ

空スポーツ	スカイダイビング、グライダー、ハンググライダー、パラグライダー、パラシューティング、熱気球、バンジージャンプ、スポーツカイトなど
山/森スポーツ	登山、トレイルランニング、ロッククライミング、オリエンテーリング、ハイキング、サバイバルゲーム、フライングディスク、ブーメランなど
海/川スポーツ	ヨット、ボート、サーフィン、ボディボード、セイリング、水上スキー、ウェイクボード、釣り、ダイビング、カヌー、カヤック、スイミングなど
雪スポーツ	スキー（ノルディック、アルペン、フリースタイル、テレマーク、スピード）、スノーボード（アルペン、フリースタイル、クロス）、ボブスレー、スケルトン、リュージュ、スノースクート、雪合戦など
車スポーツ（カー/バイク/自転車/船）	バイクトライアル、モトクロス、カーレース、競艇、モーターボート、ジェットレース、オートレース、ラリー、サイクルレース、サイクリングなど
動物スポーツ	馬術、競馬、ポロ、ロデオ、犬ぞりレースなど

表4・4　スポーツイベントの分類と主な大会

		プロ・エリートスポーツイベント		生涯スポーツイベント	
		総合種目開催型	単一種目開催型	総合種目開催型	単一種目開催型
国際レベル		オリンピック パラリンピック ユースオリンピック ユニバーシアード ワールドゲームズ	FIFAワールドカップ ラグビーワールドカップ 世界陸上競技選手権 ワールドベースボールクラシック	スペシャルオリンピックス デフリンピック 世界移植者スポーツ大会 ワールドマスターズゲームズ コーポレートゲームズ	ホノルルマラソン キンボールワールドカップ 世界マスターズ柔道選手権 世界マスターズ水泳選手権
複数国レベル		アジア競技大会 東アジア競技大会 アジアユース選手権 アジアパラ競技大会 アフリカ競技大会	東アジア女子サッカー選手権 アジアシリーズ（野球） 四大陸フィギュアスケート選手権	国際チャレンジデー パンパシフィック・マスターズゲーム アジア太平洋ろう者スポーツ大会	アジアベテランズロード選手権 日韓親善トライアスロン 日豪親善ジュニアゴルフ大会 日米スーパーシニア親善野球大会
全国レベル		国民体育大会 全国高等学校総合体育大会 全国中学校体育大会	ライスボウル 都市対抗野球大会 大相撲 全日本大学駅伝対校選手権 全国高等学校野球選手権	ねんりんピック 全国障害者スポーツ大会 全国スポーツ・レクリエーション祭 日本スポーツマスターズ 全国高齢者武道大会	東京マラソン 日本スリーデーマーチ 湘南オープンウォータースイミング 全国グラウンドゴルフ交歓大会 全日本世代交流ゲートボール大会 全国ママさんバレーボール大会
地域レベル		国民体育大会予選 全国高等学校総合体育大会予選 全国中学校体育大会予選	西日本社会人サッカー大会 関西学生アメリカンフットボールリーグ ボクシング東日本新人王トーナメント	都市間交流スポーツ大会 県スポーツレクリエーション祭 都民体育大会	九州少年ラグビー交歓会 シルバー太極拳近畿交流大会 市民スポーツ大会（各種）

目的：より高い競技性を求める／参加者自身のレベルに合わせる
種目：総合種目開催型／単一種目開催型
規模：国際レベル／複数国レベル／全国レベル／地域レベル

〔出典：笹川スポーツ財団 2011〕

2. スポーツイベントの分類

　もう一つの視点として、定期的に開催する大会があります。いわゆる「第○回○○○大会」と呼ばれるものです。開催地が決まっているもの、世界や全国に持ち回るもの、開催時期が決まっているもの、不規則なものもあります。

　また、同じ名称でも、実施する季節により分けられる大会があります。代表的な大会はオリンピック・パラリンピックでしょう。夏季と冬季と大きく二つの大会を実施しているとおり、気候が温かい時期に行われる競技と、雪や氷を利用する寒い時期に行われる競技とに分けて開催しています。

　大会と呼ばれるもののなかでも、開催の「目的」「種目」「規模」によって、いくつかのカテゴリーに分類することができます（表4・4）。

　オリンピック・パラリンピックを例にとると、「目的：より高い競技性を求める」「種目：総合種目開催型」の、「規模：国際レベル」な大会であると言えるでしょう。

　日本全県を周り開催する自治体巡回イベントも多くあります。スポーツ関係では、終戦翌年の1947年秋より開催された「国民体育大会（夏季、秋季、冬季）」「全国障害者スポーツ大会」をはじめとし、「全国高校総合体育大会（インターハイ）」「全国スポーツ・レクリエーション祭（スポレク／2011年で終了）」▷ 用語集 「全国健康福祉祭（ねんりんピック）」▷ 用語集 があります。所轄官公庁は、国体、障スポ、インターハイは文部科学省、ねんりんピックは厚生労働省となっています。このように、開催の「目的」「種目」「規模」の異なるさまざまなスポーツイベントが、日々全国で開催されています。

3. スポーツイベントの構成要素

　ここまで述べてきたように、スポーツイベントはじつに多種多様な形態があり、さまざまな分類ができます。しかし、大はオリンピック・パラリンピックから、小は学校の運動会まで、どのようなスポーツイベントであれ、その基本的な構成要素は同じであるという点に着目してください。このことを理解しておくことは、スポーツイベントに参加するときも、スポーツイベントを創るときにもとても重要なことです。

　スポーツイベントの基本的な構成要素は、各要素の英語の頭文字である6W2H（六つのWと二つのH）の八つです。マスコミ報道（新聞記事など）の構成要素には5W1Hが必須と言われていますが、イベントの場合には、さらに1W（Whom＝誰に）と1H（How much＝いくらで）を加えた「6W2H」を構成要素としています。

　スポーツイベントの八つの構成要素のなかでも、なぜ（Why）が一番大事です。開催趣旨に共感するからこそ応援者や支援者が現れ、目的に賛同して多くの参加者も集まってくれるから

表4・5　スポーツイベントの基本構成要素 6W2H

```
① Who（誰が）      ＝ 主催者、主催組織・実施者
② Why（なぜ）      ＝ 開催趣旨、目的、意図、理由、課題
③ What（何を）     ＝ プログラム内容、コンテンツ、行事・催事内容
④ Whom（誰に）     ＝ 来場者、観客対象、参加者、告知対象
⑤ When（いつ）     ＝ 開催時期、時間、期間、プログラムタイムテーブル
⑥ Where（どこで）  ＝ 開催場所、会場、アクセス
⑦ How（どのように）＝ 開催方法、演出内容、プログラムの構成内容、具体的展開手段、運営方法
⑧ How much（いくらで）＝ 開催費用、予算、収入管理、支出管理
```

〔出典：日本イベントプロデュース協会 1987、日本イベント産業振興協会 2015〕

です。開催趣旨が表面的で浅いものであれば、周りの人々もなかなか集い動いてはくれないものです。

　なぜ（Why）は、他の七つの要素すべてに影響を与えます。なぜが決まることで、なぜこの対象に向けて開催するのか、なぜこの時期に、なぜこの場所で実施するのかということが導き出され、誰に（Whom）やいつ（When）やどこで（Where）も決まってきます。

　なぜ（Why）から導き出される実施内容が、何を（What）です。何を（What）が決まると、それをどのようにやるか、いくらでやるかといった、どのように（How）やいくらで（How much）が決まってきます。

　なぜ（Why）は、最終的にはなぜこの主催者が実施するのかと言った、誰が（Who）にまで影響を与えるのです。

　しっかりとした深い「趣旨」を掲げ、明確な「内容」を設定し、ユニークな「手法」で面白くする。これらの要素が三位一体となって初めて、共感とインパクトのあるスポーツイベントができます。

　以上のように、なぜ（Why）を起点に6W2H全体を関連づけることで、スポーツイベントの骨格が理解しやすくなります。スポーツイベントを創るときには、なぜ（Why）を背骨に一貫した骨太な企画を構築しましょう。企画を構成する基本要素（6W2H）に対し内容を書き出していくと、それが企画として成り立つものかどうか、何が欠けているかなどを客観的に判断できます。

　6W2Hは、スポーツイベントを成り立たせるエレメントであり、それらをしっかりと組み立てることで、スポーツイベントの構造が明快にできます。

3 スポーツイベントのコンテンツ制作

1. スポーツイベントのアイデア発想

　スポーツツーリズムの観点で言えば、「そこにしかないスポーツ」「その場所に行かなければ体験できないスポーツ」、さらに「そこでなければ成立しないスポーツ競技」であればあるほど、遠くても出かけるモチベーションは高まります。そのため、開催する地域や、主催する企業や団体の特色を前面に押し出した、ユニークでオリジナリティあるスポーツイベント企画が求められます。

　スポーツツーリズムのメインコンテンツとして、新たなスポーツイベントを企画する場合の基本的な発想方法を紹介します。

　どんな企画であっても、まずはアイデアを出すことから始まります。アイデアとはなんでしょうか。一言で言えば「すでにあるものの新しい組み合わせ」です。今までにない新しいスポーツイベントを考えるときにも、すでにあるさまざまなものを新しく組み合わせてみることで、思いもよらない面白い競技が生まれる可能性があります。

　組み合わせに使えるアイデア発想法として、ブレインストーミング▷用語集を考案したアレックス・F・オズボーンの「九つのチェックリスト法」を、創造性開発の研究家ボブ・エバールがさらに分かりやすく改良したスキャンパー（SCAMPER）法▷用語集があります。七つのチェックリストに直観的に答えてゆくことで、アイデア発想できる有益な方法です（表4·6）。

　これらのチェックリストを活用し、企画に携わるメンバーでブレインストーミングすることで、独自のスポーツイベントのアイデアを生みだすことに役立てられることでしょう。

　新たな組み合わせからユニークなスポーツイベントが誕生した例として、今や全国で大人気

表4·6　スキャンパー（SCAMPER）法

置き換える（Substitute）	別のものに置き換えるとどうか？
組み合わせる（Combine）	2つ以上のものを組み合わせるとどうか？
当てはめる（Adapt）	応用したらどうなるか？
修正する（Modify）	修正するとどうなるか？
別の使い道を考える（Put other purposes）	別の用途に使うとどうなるか？
余計なモノを削る（Eliminate）	何かを取り除くとどうなるか？
並び替える（Rearrange）/逆にする（Reverse）	並び替えるとどうなるか？逆にするとどうなるか？

の「スイーツマラソン」があげられます。

スポーツと食（しかもスイーツ）を組み合わせ、さらに地域活性化まで採り入れられた、新しいカテゴリーのスポーツイベントです。従来、健康のために痩せるために走る、ストイックできつい競技というイメージのマラソンに、カロリーの高そうなイメージの甘いスイーツを組み合わせた画期的なコンテンツと言えます。

スイーツマラソンのヒントとなったのは、赤ワインで有名なフランス・ボルドーのメドック地方で葡萄の収穫直前の9月に開催されるフルマラソン「メドックマラソン」であると言われています。メドックマラソンでは、約8500人のランナーが葡萄畑のなかのコースを走りますが、途中のエイドステーションでは地元生産のワインや物産品が振る舞われるとのこと。まさに、走りながら美食・美飲が得られるというものです。

日本で始まったスイーツマラソンの最大の特長は、コース上のエイドステーションで、コース上に設置した給水所ならぬ「給スイーツ所」で、200種類以上の一口スイーツが食べ放題となっています。

そのためか、通常は男性の参加率が高いマラソン大会で、スイーツマラソンは女性の参加率50％以上、マラソン初参加の人は30％以上を誇っています。まさに、新たなマーケット（女性やマラソン初参加者）を開拓したスポーツイベントであると言えます。

当初はそのユニークさから「痩せたいのか、太りたいのか分からないマラソン」とジョークを言われたようですが、毎回数千人規模の参加者がいる大人気イベントに成長したことが、成功の証明であると言えるでしょう。

2. スポーツイベント企画の作成法

新しいスポーツイベント企画を考える前に、まずスポーツ競技の持つ「特性」「機能」「役割」

表4・7　スポーツ競技の分類

```
① 人数    ＝個人競技
           団体競技
② 対人競技＝攻守が同時に行われるもの（例：サッカー）
           攻守が分かれているもの（例：野球）
           格闘技（例：柔道）
③ 競争    ＝同時に対戦して優劣を決める
           個別に記録を測定し優劣を決める
④ 使用道具＝道具を使わないもの（例：徒競走）
           道具を使うもの（例：スキー）
           動力源を持つもの（例：モータースポーツ）
           動物を使うもの（例：競馬）
⑤ 採点競技＝記録を競うもの（例：砲丸投げ）
           標的を用いるもの（例：アーチェリー）
           表現するもの（例：体操）
```

を整理してみましょう（表4・7）。

スポーツツーリズムの観点からは、観光客の誰もが参加でき楽しめる企画でありたい、また、観光資源を採り上げ地域の特性をアピールしたいなどの「目的」があるはずです。前節で述べたなぜ（Why）を起点とし、対象者、開催時期・場所、競技内容・レベルの設定、有料・無料参加などを慎重に検討し、競技を模索してゆく必要があります。

競技そのものについては、従来からあるスポーツイベント、たとえば少年サッカー大会や、ママさんバレーボールのトーナメントを実施するのでは、まずインパクトがありませんし新鮮味もありません。そのうえ、特定のスポーツの経験や知識、技能がある程度ないと参加できないものになります。

決してこれらのスポーツイベントが良くないということではありません。しかし、スポーツツーリズムのコンテンツとしてみると、注目度や話題性を得たり、参加してみたいという欲求をかきたてるものになったりはしないと言えます。

「あれ」があるから行く…誘客要素になる、オリジナルなスポーツイベント企画を創る際に役立つ、三つの◯◯化の発想手法をご紹介します。

　　・スポーツイベント企画三つの発想手法
　　①スポーツ化
　　②フィールド化
　　③モダン化

(1)スポーツ化

地域にあるユニークな風土・風習を、競技方法、ルール、勝敗のつけ方などを決めてスポーツとする手法です。その地域の人にはおなじみの伝統的なアイテムを、どれだけ現代的なスポーツとしてインパクトある加工・演出ができるかどうかがポイントとなります。

【例】秋田県横手市「全日本元祖たらいこぎ選手権大会」

「たらいこぎ」は、今から100年も前から酒作りが盛んだった横手市で、若者が真人公園の池でたらいに乗って遊んでいたのが始まり。26年前に選手権大会にしました。競技は団体（3人1組）、男女個人、子ども部門。たらいに乗り、沼のなか49.195 m（kmではありません）を手で漕いで速さを競います。

(2)フィールド化

地域の観光名所や自然遺産などを、スポーツ競技のフィールドにする手法です。地域で売り出したいスポットそのものが競技場となるため、施設経費を押さえられるうえに高いPR効果があります。まさにスポーツをしながら観光体験を行えます。

【例】山形県鶴岡市「羽黒山石段マラソン」

国宝五重塔などの文化財など、美しい景観を見ながら2446段の石段を駆け上がる全長6kmのマラソン。山頂までの石段は一の坂から三の坂までであり、起伏に富んだコースとなっています。東北はもちろん関東からも参加する全国区の大会に成長しています。

(3)モダン化

古来からある遊びやゲームを、今風な味つけで現代的にする手法です。広く知れ渡っている競技であるため、やり方やルール、試合の流れなどを参加者がすでに理解している安心感があり、多くの人が鑑賞したり参加したりしやすいのが利点です。

【例】広島県廿日市「けん玉ワールドカップ」

近年、けん玉は欧米を中心に若者たちの新たなストリートカルチャーとして注目を浴び、日本に逆輸入されています。かつて全国のけん玉シェア5割を誇ったけん玉発祥の地である廿日市で、日本の愛好家らが企画した「けん玉ワールドカップ」を開催しています。

※

新しい企て＝企画という観点からは、地域ならではのユニークでオリジナリティあるスポーツを発案し、なおかつ誰でも参加できるというイベントを全国に発信することが醍醐味であると言えるでしょう。

3. スポーツイベントの企画書作成

スポーツイベントのアイデアが決まったら、企画書の作成となります。企画書というと、何十枚にもわたる文書をイメージするかもしれませんが、優れた企画書は1枚であっても必要十分な要素がシンプルに明確に表されており、全体を眺めれば実施のイメージが湧くものであると言えます。

まず思いついたアイデアを、前述の6W2Hとして書き出します。その際に、なぜ（Why）を軸に書き出すことが大切であることを思い出してください。1枚のシートに八つの要素を書き込んでゆくことで、何が足りなくて、何を詰めなくてはならないのかが一目瞭然となり、企画のアウトフレーム（枠組み）が出来あがっていきます。

1枚企画書が出来あがってから、何枚もある企画書の作成へと進むと良いでしょう。

まず八つの要素ごとにページを分けてゆきますが、その際に大切なのは、企画の「流れ（手順）」です。

・スポーツイベント企画書三つの基本構成
①序　論：企画の前提条件となる課題の確認、方向性などを示す。
②本　論：実施内容の説明と具体的な提案をする。

③結　論：企画の体制やスケジュール、予算などを述べ、まとめる。

　とくに気をつけたい点は、序論では基本的になぜ(Why)を述べるということです。なぜ(Why)もそこそこに、なにをやるか（What）を説明する企画書では、提案する相手の頭の中に？が浮かびます。「なぜ、このスポーツイベントをやらなければならないか」が分からないからです。人は、納得し、共感して初めて行動に移すことができるのです。そのため、とくになぜ（Why）を明確に説明する序論が重要です。

　序論のなかに盛り込みたい要素として、〈過去〉に何があったか、〈現在〉何ができるか、〈未来〉にどうなりたいかの3点を的確に押さえて整理しておくと良いでしょう。

　・スポーツベント企画書三つのポイント
　①〈過去〉何があったか＝地域資源（歴史や風土など）についての見直し
　②〈現在〉何ができるか＝ハード（施設など）・ソフト（人や経験など）の力量
　③〈未来〉どうなりたいか＝目指すべき地域ブランドイメージのビジョン

　地域でスポーツイベントを実施する際に、その地域に何の関わりもない競技を採用しても、情報を受け取る者にとってはイメージの混乱が起こるものです。その地域にふさわしい、もしくはその地域らしい必然性を感じることで参加してみたいという意欲が沸きます。

　ただし、歴史の古い地域で、あえて超未来的なスポーツ競技を行うことで、従来のイメージを一新することもできます。つまり、スポーツイベントの開発や誘致には、戦略的な思考が必要だということです。

　どのようなスポーツイベントを実施するのが良いのか、実施するべきなのか、地域の未来を見据えたトータルな観光施策を俯瞰しながら、戦略的に企画してゆくと良いでしょう。

　もちろん企画書の作り方は自由です。しかし、まずは企画書の基礎である「型」を身につけましょう。勝手な思いつきで作成しては「型なし」です。「型」を身につけ何度も作成したうえで、「型破り」な企画書にチャレンジしてゆくと良いでしょう。

　また、企画書を作成することは、アイデアや企画といったソフト＝コンテンツに対しての明確な所有権の表明という点も見逃せません。誰が誰にいつ提案したかという証拠ともなり、企画が遂行される際に提案者（スポーツツーリズムの場合、観光協会や旅行代理店など）の立場や関わり方にも大きく影響することでしょう。

　日本では、まだまだアイデアや企画に対する権利主張がむずかしいのは事実ですが、知財に対する認識は格段に上がっています。スポーツイベント企画も、日本各地の特徴・特性を活かしたコンテンツビジネスの一つであることを見据えて、ユニークで動員力のあるツーリズムとしてプランニングしていきたいものです。

4 スポーツイベントのプロデュース

1. スポーツイベント制作の組織

　スポーツツーリズムにおけるメインコンテンツ、スポーツイベントを制作する主体はどこでしょうか。実は、ツーリズムの成り立ちやありかたにより、さまざまな企業や団体や組織が制作を行っています。

　ここでは、主な三つの主体をあげてみます。

　一つは、ツーリズムを旅行商品として扱う旅行代理店です。「あれ」があるから行く、誘客要素になる魅力的なスポーツイベントを企画することで、交通や宿泊といったビジネスに繋げるために実施します。それが、地域の観光活性化に繋がります。

　二つ目は、自治体などの観光協会です。自らの地域を注目させ、観光客を誘引するためのきっかけとしてスポーツイベントを実施します。ただし、観光の業務も裾野が広いため、スポーツだけに特化した活動に集中するわけにはいきません。

　そこで三つ目に、地域におけるスポーツ観光推進を担うために設立された「スポーツコミッション」に期待がかかります。

　スポーツコミッションの存在を理解するために役立つものに、フィルムコミッションがあります。フィルムコミッションはその名のとおり、フィルム＝映画、映像作品（テレビドラマなど）の撮影を自らの地域に積極的に誘致し、撮影を支援する組織です。そのことにより地域を活性化し、作品上映や放送を通じて地域の宣伝に寄与、そして地域住民に誇りが生まれ、他地域からの訪問者を増やすという取り組みを推進する機関です。自治体などの公共団体や観光協会の一つの部署が事務局を担当していることが多いようです。

　映像ではなくスポーツをテーマとするという違いはありますが、スポーツコミッションも同様に地域活性化、観光振興を目指す機関です。自治体を始め、地域の経済団体やスポーツ団体、観光団体、マスコミ関係者、そしてスポーツツーリズム関連団体などで構成される、官民一体となった独立組織で、スポーツイベント等の開発、誘致、開催支援などを一元的に行う、実務的な組織と言えるでしょう。

2. スポーツイベントのプロデュース

　スポーツイベントを制作する主体は、スポーツコミッションを始めさまざま（企業、団体、組織）ありますが、求められる機能は同じです。一言で言えば、イベントコーディネートから観光メニュー提案までを一手に担うプロデュース機能です。

　プロデュースという言葉の意味は「生産する、制作する」、つまり、何かを生む出すことです。映画、演劇、音楽、ショーなどのイベント制作で、また画期的な新製品の開発で、必ず求められるのがプロデュースであり、それを行うプロデューサーの存在です。

　プロデューサーが必要になるモノやコトとして、複雑な要素が複層的に絡み合うジャンルであるという特徴があります。

　分かりやすく映画づくりの例で説明します。映画のプロデューサーは、ある企画を考えつくと、監督を誰にするか決め、主役の役者のスケジュールを押さえ、金融機関から制作資金を借り受け、映画会社に上映館やスケジュールを調整してもらい、宣伝についてマスコミに働きかけます。1本の映画の始まりから終わりまですべての業務に目を光らせ、まとめて管理・推進してゆき、大ヒットというビジネスの成功を目指してゆく業務です。

　その内容は、監督や役者をくどく折衝力、コンテンツの品質の高さを理解できる感性力、作品が"当たる"と確信できるマーケティング的な分析力、制作資金を引き出す交渉力や、配分や支出を管理できる会計力など、複合的な能力が要求されます。

　スポーツツーリズムの目玉コンテンツとなるスポーツイベントの制作も、ユニークで面白いスポーツ競技の企画開発から、運営スタッフの手配、目玉アスリートの起用、旅行してでも行きたくなる観光メニューの開発まで、手広い業務を強力に前へ進めてゆく統率役としてプロデューサーが必須です。

　また、地元自治体から経済団体、スポーツ団体から教育機関、交通から宿泊、警察から保健所、旅行代理店からマスコミにいたるまで、複雑に関わりあう組織・団体を相手にニーズ、ウォンツをまとめる調整役としてもプロデューサーが必要なのです（表4·8）。

　プロデューサー機能が働かない場合に、イベントが失敗に終わることが多いことも指摘されています。スポーツイベントの実行委員会が、多くの関係団体が関わる共同運営の場合、意思

表4·8　プロデューサーの役割

企画	コンセプトづくり、コンテンツ開発、観光メニュー開発、マーケティング戦略など
事業推進	組織づくり、スタッフ配備、スポンサー獲得、関係官庁への申請届け出など
品質管理	コンテンツ企画品質管理、制作進行品質管理、大会運営品質管理など
工程管理	制作スケジュール管理、工期・納期管理など
予算管理	全体予算の把握、予算の配分、収入・支出管理、予備費管理など
安全管理	大会運営の安全策、コンプライアンス、リスクマネジメント、契約など
PR	大会のウリづくり、クリエイティブ管理、広報宣伝計画など

決定や責任分担が明確でないことがあります。単一の組織ではないためリーダーが不在で、なかなか斬新な企画が採用されにくく、組織力が弱いため強力にものごとを進められないといった事態が起こります。

　また、意思決定や責任分担が曖昧なままだと、なんらかの事件、事故が発生した場合、組織の弱さが一気に露呈します。スポーツイベントでは、競技者の負傷、落雷事故など、参加者や観客が重大な状況に陥るケースが発生することも考えられますが、誰がその部門の担当者なのか、事前の対応や対策をとっていなかったのは誰か、と言った責任の所在も分からないことがあります。

　スポーツイベントの制作主体（主催者）には、当然負うべき義務があります。

　　・イベント主催者の義務
　①安全配慮義務：参加者の安全に配慮すること。
　②予見義務：イベント中に発生する可能性のある危険性を予測すること。
　③結果回避義務：予見できた危険によって生じる結果を回避すること。

　たとえば、天気予報で雷注意報が出ているのに、中止すると経済的なダメージが高いからと屋外スポーツイベントを続行したところ、落雷によって競技者が負傷した場合、主催者が法的責任を問われることになります。安全配慮、危険性の予測、危険回避などの義務を果たしていないからです。

　このような状況に陥らないようにするためにも、統括者としてのリーダーであるプロデューサーをしっかりと決め、そのもとで、各部門の意思決定者や責任分担を組織表やマニュアルで明確化しておくことが大切です。

3. スポーツイベントとプロジェクトマネジメント

　プロデューサーが、スポーツイベントの企画書を関係各社やスポンサーにプレゼンテーションして、採用となったら、いよいよ計画書づくりです。

　　・「企画」と「計画」の違い
　「企画」：新たなモノやコトを考え出し、その仕組みを示すこと。
　「計画」：企画を実現するための具体的な手段や方法を、順を追って示すこと。

　つまり、計画書とは、イベントを実現することを前提に、具体的に制作に取り掛かるためのてびき書・設計図です。

　イベント計画に欠かせないのが、「プロジェクトマネジメント」の考え方です。

　まず、「プロジェクト」とはなんでしょうか。「プロジェクト（Project）」とは、NASA（アメリカ航空宇宙局）によれば、「相互に関連するタスク（仕事）から構成され、多くの組織が参画して実施される3年以下程度の期間の活動」となっています。また、アメリカの非営利団体プロジ

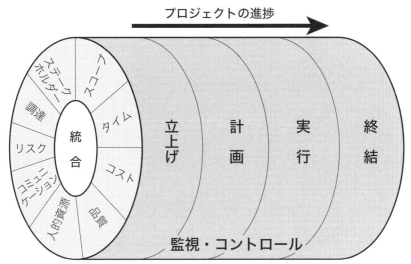

図4・3 ピンボックガイドでのプロセス群と知識エリアのイメージ
〔出典：PMI（Project Management Institute）日本支部ホームページ〕

表4・9 ピンボック5個のプロセス群とイベント制作のプロセス

①プロジェクトの立ち上げ	企画段階：企画開発、組織結成など
②プロジェクトの計画	計画段階：基本計画、制作準備など
③プロジェクトの実行	制作・実施段階：本番の実施と運営など
④プロジェクトの監視コントロール	制作・実施段階：推進チェックと改善など
⑤プロジェクトの終結	収束段階：報告、組織解散など

ェクトマネジメント協会（PMI = Project Management Institute）では、「独自の成果物、またはサービスを創出するための期限のある活動」としています。

これらの定義に、スポーツイベントもぴたりと当てはまりますので、スポーツイベントも一つの「プロジェクト」であることは間違いありません。

次に、「マネジメント」とはなんでしょうか。「マネジメント（Management）」とは、日本語では経営管理と訳されますが、いわゆる上から見張る管理というニュアンスではなく、目標・目的を達成するために必要な要素を分析し、成功するために手を打つこと。つまり、スムーズに推進させることというのが正しい意味です。

まとめると、「プロジェクトマネジメント」とは、プロジェクトを成功裡に完了させることを目指して、期限のある活動を推進することです。

現在では、プロジェクトマネジメント協会が策定した知識体系「ピンボック（PMBOK：Project Management Body of Knowledge）」が、事実上の標準として世界中で広く受け入れられています。

「ピンボック」は、「プロジェクトマネジメント」の遂行に必要な基本的な知識を、体系立てて整理したもので、5個の基本的な過程（プロセス）と、9個の知識エリアに分類しマネジメントする必要があるとしています（図4・3）。

スポーツイベントの実施を一つのプロジェクトとして捉え、「ピンボック」の五つのプロセス(過程)に、イベント制作の段階を対応させてみましょう。

(1) 立ち上げプロセス (企画段階：企画開発、組織結成など)

スポーツイベントの場合は、まず実行委員会の立ち上げ、プロデューサーの任命、プロジェクトメンバーの選定などを行います。プロジェクトにかかわるメンバーは、行政や観光関係者、教育や体育関係者、地域の支援団体、スポーツ競技団体やスポーツメーカー、イベント制作会社やPR会社、旅行代理店や広告代理店と幅広いジャンルから集められることが多いため、参画する関係者が期待するものの明確化、実施したときの達成すべきゴールの設定などを行います。

(2) 計画プロセス (計画段階：基本計画、制作準備など)

スポーツイベントの場合は、多くの関連各所への届け出が必要です。不特定多数の参加者・観覧者が集まるため、所轄の警察署へ警備体制を、消防署へ緊急時体制を相談し届け出ます。飲食の提供として模擬店の出店がある場合は、保健所への届け出は欠かせません。

マラソンなどランニングイベントの競技会場として道路を借りる場合は、道路の管理主体へ、山や森林公園、海や河川敷などを借りる場合は、各管理事務所へ届け出る必要があります。

(3) 実行プロセス (制作・実施段階：本番の実施と運営など)

スポーツイベントの場合、メインの催しものは「競技」です。まずは競技が安全に運営されるための施策を徹底し、必要な資源（ヒト・モノ・カネなど）を充てます。競技に出場する参加者への安全指導、運営を手伝うボランティアへの安全講習も大切です。また、地域の医療機関や消防署などにも協力を要請し、会場内のメディカルセンターに医者・看護婦・救命救急士などの常駐もしておきたいところです。

図4・4　大人気のバブルサッカー大会運営実習で受付を行う大学生

とくに、街なかを離れた山間部や海浜部で競技を行う場合は、万が一に備え、ドクターヘリ（救急医療用のヘリコプター）の出動要請も事前に検討しておくと良いでしょう。

（4）監視コントロールプロセス（制作・実施段階：推進チェックと改善など）

　スポーツイベントの場合、制作が開始されてからも、参加者数の増減、招待VIPの有無、天候不順などの要因によって、スケジュールや経費に変更が生じることもあります。そのつど、計画のずれの修正、変更項目への対応、必要に応じスケジュール変更やプログラム調整などを行います。

　"イベントはナマもの"と言われるほど、いつ何時、何が起こるか分からない怖さも持っています。とくに勝敗のかかったスポーツイベントでは、競技選手もエキサイトし、観客のボルテージも上がり、予期せぬことが起こることがあります。あらかじめ決められた進行表や台本を用意してあっても、決してそのとおりになるとは限りません。スポーツイベントでは、本番の開催中でも油断せず、「実行」と「監視コントロール」を絶えず行う必要があります。

（5）終結プロセス（収束段階：報告、組織解散など）

　スポーツイベントの場合、本番終了後、最終報告書の作成を行います。報告書では、本番の実施概要、参加者数・来場者数などのデータ、本番実施の様子を撮影した写真や映像を添付しまとめます。そのなかには、制作や本番の経験から得た教訓や反省、改善点などを盛り込みます。関係各所へお礼とともに報告書を届け、できれば次回開催へ向けての提案もつけたいところです。

　その後、事務局作業をすべて終了、チームを解散しプロジェクトを終結します。

※

　スポーツイベントの大切な管理項目に、前述のプロデューサーの役割でも登場した四つの項目があります。とくに重要な管理項目として、4大管理と呼んでいます。

　　・イベントマネジメントの4大管理
　　①品質管理：クオリティマネジメント
　　②工程管理：タイムマネジメント
　　③予算管理：コストマネジメント
　　④安全管理：リスクマネジメント

「プロジェクトマネジメント」ツールの一つ、世界基準であるピンボックを活用して、より良い品質のスポーツイベントを制作できるマネジメントスキルを磨きましょう。

5 スポーツイベントの評価

1. スポーツイベントの定義

スポーツも含むイベントとは、どのようなものなのでしょうか。イベントの定義はさまざまありますが、もっとも簡素で普遍的なものが、通商産業省（現 経済産業省）のイベント研究会によるものです。

- イベントの定義

> イベントとは、何らかの目的を達成するための手段として行う行・催事である

この定義で重要なことは、イベントは"目的を達成するための手段である""目的を達成するための手段である"ということは、"イベントには必ず何らかの目的があり、イベントそのものは目的ではない"ということです。

さて、「目的」とよく似た言葉に、「目標」があります。日ごろ、私たちがよく口にする言葉、「目標」と「目的」の違いは何か、整理してみます（図4・5）。

スポーツでたとえれば、アーチェリーの選手が弓に矢をつがえて構えています。その矢の先には、目指す的、つまり「目的」があります。この的の中心を目指して矢を放ちますが、矢は重力との微妙なバランスのもとで飛んでいきますので、なかなか真ん中には当たりません。そのときに欲しいのが目指す標、つまり「目標」です。選手は、的の真ん中ではなく的の一番外

目　標 Goal/Objective	目　的 Purpose
・対象や数値など「客観的要素」から設定される	・意義や価値観など「主観的要素」からつむぎ出される
・固定的、定量的	・柔軟的、定性的
・効率、達成度、アウトプット（量的成果）などが問われる	・効果、影響度、アウトカム（質的成果）などが問われる
・未達や失敗は評価されない、むしろマイナス評価の対象	・試行錯誤が奨励あるいは要求される

図4・5　目標と目的〔参考：目的工学研究所〕

側の輪であったり、的の数cm上の見えない点を狙ったりと、工夫しながら的の中心に迫ります。

　今度は山登りにたとえてみましょう。山の頂上に登ることは「目的」ではありません。「目標」です。「目標」は客観的要素で設定されるということですから、具体的な日時や場所で表されます。山登りの「目標」は、"○月○日○時に、○○山山頂に立つ"というものです。「目的」は主観的要素からつむぎだされるので、"○○山を制覇することで、自分に自信をつけたい"などがあるでしょう。

　どんなイベントにも、「目標」と「目的」があります。もちろんスポーツイベントにも、何らかの開催の「目標」と「目的」があるはずです。これらが明確に設定されていないと、実は成功の評価はできません。成功評価とは、事前に設定された「目標」と「目的」に対して、目標が達成されたか・されていないか、目的達成に取り組んでいるか・いないかで下されるものだからです。

2. スポーツイベント制作の目的

　イベントには主催者がいて、その主催者には必ず「目的」があって、その「目的」を効果的・効率的に達成するための「目標」があり、そのための手段として競技コンテンツを考え、イベント全体を構成しています。

　スポーツツーリズムでのスポーツイベントの「目的」には、地域のイメージアップ、地域ブランディングの確立、話題の発信、観光客の誘致などが考えられます。そのための「目標」として、観客動員数や観光メニューの販売数、マスコミに採り上げられた露出数など数値化できる項目を掲げることが考えられます。

　ここで、もう一歩踏み込んでもらいたいことがあります。スポーツイベント実施の「目標」と「目的」は、実は一つの視点では不足しているという点です。イベントに関わる関係者は、主催者だけではないからです。スポーツイベントには、制作の主体（主催者）、実際に制作・運営を行う競技団体やイベント会社（制作者）、イベントに賛同して参加する地元企業（出展者）、そして競技に出場する選手（参加者）の4者の立場があり、それぞれに異なる「目標」と「目的」があることに目を向けてください。

　　・スポーツイベント4者の立場と「目的」例
　　①主催者の立場：イメージアップ、話題発信、観光誘客など
　　②制作者の立場：安全な運営、スムーズな進行、ローコスト制作など
　　③出展者の立場：セールスプロモーション、ビジネスマッチングなど
　　④参加者の立場：生き甲斐、健康増進、感動共有など

　スポーツイベントのステークホルダー（共通の利害関係者）とも言える4者ですので、イベント全体の成功という"大目的"の成就を願っていることは間違いありませんが、いざ個々の立

場に立ってみると、実はそれぞれに"中目的"や"小目的"があるということが分かります。

かつて「イベントの評価は不可能」と言われたことがあります。その理由は、イベント制作の成り立ちや事情はさまざまであり、その複雑で複層的な要素をすべて加味して評価を下すことは困難との解釈でした。この時点での評価者は、イベント外部の第三者的な機関を想定していました。

イベントの成功・不成功を評価するにあたり、外部の視点で内部の複雑な事情をすべて把握して評価することはむずかしく、また評価するべきではない。また、イベントの持つ「目的」は、主催者・出展者・制作者・参加者ごとに異なるために、一つの視点からの評価が困難である、ということです。このことが、今までに決定的なイベント評価手法が成立しなかった理由です。

その後、社会的な風潮として、国際企業や教育機関などで自己点検による評価システムが採り入れられたり、国際標準機構によるISO規格の思想が支持されたりしました。

ISO規格の内容は、「具体的に○○をせよ」といったことではありません。スポーツの国際ルールのように、このラインを出たらアウト、これはセーフと決めているわけではありません。ISO規格では、「環境対策について決めなさい」と言ったことのみで、それに対し、「当社ではこうします」と決めます。つまり、"自分たちで、アウトにするかセーフにするかというルールを決める"ということです。これも、一つの自己点検、自己評価のありかたではないでしょうか。

このような流れを受け、イベントの評価は「評価しない」ことで成立する〜他者による評価ではなく、自己点検であるならば可能〜という点に思いいたりました。

イベントに関わるステークホルダー全員が、開催に向けて掲げた「目標」「目的」に向けて努力し、本番実施を振り返り・改善をしつつ、次回開催に向けてより価値を高めるための自己点検チェックであるならば、成功評価はできると考えます。

3. スポーツイベントにおける成功とは

スポーツイベントが成功したかどうかは、開催に向けて掲げたステークホルダー全員の「目標」「目的」が達成されたかどうかの自己点検により判断することができます。

ここで注意したい点は、「目標」の場合は具体的な数値に対する達成度を評価します。「目的」の場合は主観的な命題に対しての取り組み姿勢を評価します。評価方法は10点満点中○点方式ではなく、また☆いくつ方式でもなく、どの程度できたかという○×式（◎○△×−）くらいが丁度良いと思われます（表4・10）。

単発のスポーツイベントもありますが、毎年定期的に開催する、もしくは何回かのシリーズとして開催するというイベントもあります。そんな場合は、自己点検によるイベントの総合的

表4・10 イベントの総合的評価［4者の目的と目標］例

4者	目的	評価	目標	評価
①主催者	イメージアップ 話題発信 観光誘客	◎	（一般アンケート） （マスコミ露出数） （観光客数）など	○
②制作者	安全な運営 スムーズな進行 ローコスト制作	○	（関係者ヒアリング）など	○
③出展者	セールスプロモーション ビジネスマッチング	○	（関係者ヒアリング）など	△
④参加者	生き甲斐 健康増進 感動共有	◎	（競技者アンケート）など	◎

（　）はデータ入手方法

① Plan（計画）：従来の実績や将来の予測などを元にして業務計画を作成する。
② Do（実行）：計画に沿って業務を行う。
③ Check（評価）：業務の実施が計画に沿っているかどうかを確認する。
④ Act（改善）：実施が計画に沿っていない部分を調べて処置をする。

図4・6　PDCAサイクル図

評価を、次回開催に活かして改善してゆくことが望まれます。

こうしたマネジメントの考え方は、「PDCAサイクル」と呼ばれます（図4・6）。Plan → Do → Check → Act、そしてまたPlanへというように、計画して実行して終わりではなく、その結果を確認して、問題点を修正してまた実行するということを繰り返し行うという改善のサイクルは、ビジネスの現場でもおなじみでしょう。

スポーツイベントにおいても、このサイクルを、常に意識することが大切です。

実施したイベントをさまざまな立場や視点から自己点検することで、意義や効果を確認することができます。適切な評価を行うことで、次回への改善点が明確になってきます。

評価を基盤にした改善案から、次回開催へ向けて新たな企画や運営を提案していく流れができれば、イベントは開催されるたびにより良いものに進化させることができるでしょう。

イベントの成功評価の手法は、まだ端緒に就いたばかりです。自治体での議会説明や、スポンサーへの説明に活用できるようなモデルを、試行錯誤しながら完成させたいと考えています。

（執筆：岡星竜美）

引用文献（掲載順）
・一般社団法人日本イベント産業振興協会（2014）『平成 25 年イベント市場規模推計報告書』
・通商産業省通商産業政策局（1990）『スポーツビジョン 21』
・笹川スポーツ財団（2011）『スポーツ白書』
・一般社団法人日本イベントプロデュース協会（1987）『イベント戦略データファイル』第一法規出版
・一般社団法人日本イベント産業振興協会（2015）『イベント検定公式テキスト』
・PMI（Project Management Institute）日本支部ホームページ（https://www.pmi-japan.org/branch_office/）

第 5 章

スポーツイベントツアーの
マネジメント

さが桜マラソン 2013〔提供:一般社団法人九州観光推進機構〕

1 スポーツイベントツアーの形態

　第5章では、スポーツイベントをスポーツツーリズムの資源の一つと捉え、スポーツの形態別（①するスポーツ、②観るスポーツ、③支える（育てる））に、旅行会社のスポーツイベントとの関わり方、そしてスポーツイベントをツーリズムに仕立てていく方法について、ツアー商品の造成、ツアーの運営管理、ツアーのリスクマネジメントについて紹介します。そしてスポーツイベントツーリズムの推進にむけた観光関連事業者の果たすべき役割について述べていきます。

　第4章第1節の表4・4「スポーツイベントの分類と主な大会」は、スポーツイベントの目的、種目、規模による分類です。それらの分類をもとに、スポーツイベントツアーの形態をわける

表5・1　スポーツツアー商品の造成からみたスポーツイベントの分類

	プロ・エリート対象	一般・アマチュア対象
開催地：海外	オリンピック競技大会 パラリンピック ユースオリンピック ユニバーシアード アジア競技大会 FIFAワールドカップ ラグビーワールドカップ 世界陸上競技選手権 プロサッカー（欧州、南米等） テニストーナメント フィギュアスケート国際大会	スペシャルオリンピックス デフリンピック 世界移植者スポーツ大会 **ワールドマスターズゲームズ** **コーポレートゲームズ** **海外マラソン大会**
開催地：国内	プロ野球 Jリーグ ゴルフトーナメント（PGA/LPGA） テニストーナメント バレーボール国際大会 国際競技大会国内予選会 国民体育大会 全国高等学校総合体育大会 全国中学校体育大会 全国大会の地区予選会 ライスボウル 都市対抗野球大会 全日本大学駅伝対校選手権 全国高等学校野球選手権	ねんりんピック 全国障害者スポーツ大会 **日本スポーツマスターズ** **全国高齢者武道大会** **東京マラソン等国内マラソン大会** **日本スリーデーマーチ** **全国グラウンドゴルフ交歓大会** **全日本世代交流ゲートボール大会** **全国ママさんバレーボール大会** **市民スポーツ大会（各種）**

注1：「観る」スポーツはすべてのイベントが対象
注2：「する」スポーツは太字で表示
注3：「支える」スポーツは原則「する」スポーツすべてが対象

と、まずスポーツイベントの開催地が海外か国内か、またスポーツイベントに参加する対象者がプロ・エリートか、それとも一般アマチュアか、またイベント（大会）のレベルが国際大会、全国大会、地方予選会、地域開催の生涯スポーツ大会なのかにより、スポーツイベントツアーの形態は異なります。さらにスポーツイベントとの関わり方として「する」・「観る」・「支える」の形態を基準に、主なスポーツイベントを再分類したのが、表5・1になります。

次に、スポーツイベントとの関わり方からそれぞれのツアーの特徴を紹介します。

(1)「する」スポーツイベントツアー

無制限、あるいは一定条件を満たすことで参加可能な、スポーツイベント（大会）に参加することを目的としたツアーや、スポーツを「する」ことを主な目的としたスポーツイベントツアー商品があります。具体的には、対象となるスポーツイベント（大会）に参加することを主な目的としたツアーや何らかのスポーツを行うことを主な目的としたツアーのことですが、事例としては、

- マラソン、トレイルランニング大会参加ツアー
- スキーイベントツアー
- ゴルフイベントツアー
- ウオーキング大会参加ツアー
- サイクリングイベント参加ツアー

等があげられます。

(2)「観る」スポーツイベントツアー

主にオリンピック大会、プロ野球、Jリーグ等、プロ・エリートアスリートが参加するスポーツイベント（大会）を観戦・応援するツアー商品です。一般アマチュアの参加を対象としたイベント（大会）の参加者の応援を目的としたツアー商品もこの分類に入ります。具体的には、トップアスリートやエリートスポーツ選手のハイパフォーマンスを観ることを主な目的としたツアー、お気に入りの選手、チームを応援することを主な目的としたツアー、スポーツイベント（大会）に自身の関係者が出場・参加することによる応援を主な目的としたツアーのことですが、事例としては、

- オリンピック観戦ツアー
- サッカーワールドカップ観戦ツアー
- ラグビーワールドカップ観戦ツアー
- 大リーグ観戦ツアー
- プロサッカー観戦ツアー（海外、Jリーグ）
- ゴルフトーナメント観戦ツアー

- テニストーナメント観戦ツアー
- フィギュアスケート大会観戦ツアー
- 高校野球（甲子園）応援ツアー

等があげられます。

(3) 支える(育てる)スポーツイベントツアー

　主にイベント（大会）の運営などを支える「ボランティア」への参加を対象としたツアー商品です。「ボランティア」参加を対象としたツアー商品の数はまだまだ少ないのが現状です。しかし今後はこの形態のツアー商品の増加が期待されます。具体的には、スポーツイベント（大会）の運営に関わることを主な目的としたツアーやスポーツイベント（大会）による地域活性化、盛上げを意識した活動を主目的としたツアーになります。

　毎年2月に開催される「東京マラソン」には約1万人のボラティアが活動しています。最近では東京マラソンの抽選に外れたランナーが、東京マラソンという一大イベント（大会）に関わりたいと考え、「ボランティア」に参加することも増えています。

　また、2020年オリンピック・パラリンピック東京大会では、8万人のボランティアが必要とされています。世界最大のスポーツイベント（大会）である、オリンピック・パラリンピックが自国で開催されるのですから、何らかの形でこの世紀のイベント（大会）に参加したい、と思う人々は多くいるはずです。その手段の一つが「ボランティア」です。2020年オリンピック・パラリンピック東京大会に向けて、さまざまなスポーツイベント（大会）のボランティア活動を経験することがたいへん重要です。また、2020年に向けては、障がい者スポーツの普及が加速されます。2020年パラリンピック大会を見据えた、障がい者スポーツ大会へのボランティア参加を対象とするツアー商品を増やすことも重要です。

　地域の活性化を図る目的で、スポーツというコンテンツを活かしたスポーツイベント（大会）が日本全国の地域で開催されています。その目的に賛同した地域住民が、イベント（大会）を支えるために、あるいはイベント（大会）を盛り上げるためにさまざまな「ボランティア」「付随するイベント（地域芸能等）」に参加する方々も増えています。地域のアイデンティティを醸成させ、地域資源をプロモーションするという観点の"仕掛け"も必要です。

2 スポーツイベントツアー商品造成の計画立案

1. 旅行業務

通常の観光ツアー商品の造成に必要な最低限の要素は、
　①交通機関
　②宿泊機関
　③観光（入場、拝観、体験）
　④飲食
です。旅行会社の業務は、上記四つの要素を旅行者が利用できるように、予約・手配を行い、旅行者が「旅行サービス」を受けることができるようにすることです。またスポーツイベントツアー商品は、通常の観光ツアー同様に以下の三つに分類されます。

　①募集型企画旅行
　　旅行会社が企画をしてパンフレット、インターネット、新聞等の媒体を活用して、不特定多数のツアー参加者を募集する旅行のこと。パッケージ旅行がその代表例です。
　②受注型企画旅行
　　企業、団体、グループ、個人など旅行を計画している方々から依頼を受け、その内容に沿って企画する旅行のこと。修学旅行、企業の社員旅行などがその代表例です。
　③手配旅行
　　企業、団体、グループ、個人などの旅行者が計画して、その依頼どおりに手配する旅行のこと。

2. スポーツイベントツアー商品造成に必要な要素

スポーツイベントツアーの商品造成には、前項で記載した通常の観光ツアー商品造成に必要な要素に加え、以下のスポーツイベントツアー特有の要素が考えられます。

　①スポーツイベントの概要を把握すること
　　スポーツイベントの開催日時、開催場所、年齢・性別制限等は最低限把握することが必要です。

②スポーツイベントに参加するあるいは観戦する諸条件を把握すること

スポーツイベントに参加するための条件・制約、マラソン大会等ではエントリー方法等の把握をしないといけません。また観戦するための入場券の手配が可能かどうかや、入場券を確保する際の諸条件、入場券確保の権利取得の有無なども調べる必要があります。

③スポーツを行う際の諸条件を把握すること

ダイビング等のスポーツを行う際に、ライセンス取得等最低限必要な条件がある場合もあります。また天候等自然条件による制約の有無も調べる必要があります。

④スポーツを行う際に必要なものを把握すること

スポーツ用具や用品のレンタルの可否、事前予約による確保についてもスポーツイベントツアー商品の造成には欠かせません。

これらの項目は、スポーツイベントツアー特有の「リスクマネジメント」に関連することが多く含まれます。スポーツイベントツアーの商品造成の際には、まずは、これらの要素を十分吟味・確認し、それに沿った宿泊機関、輸送機関、飲食等の手配を行う必要があります。

3. スポーツイベントツアー形態別の必須要素と留意点

次にスポーツイベントツアー形態ごとのスポーツイベントツアーを具体的な事例で説明します。

(1)「する」スポーツイベントツアー：事例）マラソン大会参加ツアー

日本全国で参加者が5000人以上のマラソン大会は、200大会ほどあります。東京マラソンを代表とする都市型大型マラソン大会から、最近では地域の特性を活かしたご当地マラソン大会などさまざまな大会が開催されています。

マラソンイベントツアーの商品造成に必要な要素のうち、とくにスポーツイベントの概要を把握することと、スポーツイベントに参加するあるいは観戦する諸条件を把握することが重要です。マラソンツアー商品造成で一番重要な要素は、

①マラソン大会エントリーの権利を含むツアー商品造成が可能か。

②可能な場合、その諸条件があるか。

③その大会の名称を使用したツアー商品造成が可能か。

となります。

海外、国内を問わずマラソンのエントリー権利を含むツアー商品造成が可能な大会は限られています。とくに国内で開催される大会において、抽選方式で参加者を選ぶあるいは先着順でも短期間で満員になるなどの人気の大会は参加希望者の公平性を重んじるため一企業にエントリーの権利を与える大会は非常に少なく、可能性があるのは、「協賛企業（スポンサー企業）」と

してその大会に関与し、その条件の一つとしてエントリー権の"枠"を確保する場合のみが該当します。大会名称を使用する権利も同様です。

(2)「観る」スポーツイベントツアー：事例）オリンピック競技大会観戦ツアー

「観る」スポーツイベントツアーの商品造成においてもっとも複雑で、特殊な要素の多いスポーツイベントツアーは、オリンピック競技の観戦ツアーです。どの旅行会社でも商品を造成することはできず、以下の２条件を満たす必要があります。

　①「オリンピック」全般の権利をコントロールしている公益財団法人日本オリンピック委員会（JOC）の「公式旅行代理店」の権利を有すること。
　②オリンピック競技を観戦するために必要な入場券の購入権利についてJOCを通じて国際オリンピック委員会（IOC）から承認を得ること。

上記２項目の条件を満たした旅行会社のみ、「オリンピック競技観戦ツアー」の商品造成が可能になります。当然その権利を有するには、協賛金の支払をすることも条件です。

次にオリンピック競技観戦ツアー商品造成に必要な要素は、

　①宿泊機関の確保
　②輸送機関の確保

です。①の「宿泊機関の確保」について留意すべき点が多々あります。オリンピック競技大会は世界でもっとも大規模な、多くの集客が可能な最大のスポーツイベントです。開催地の状況によっては宿泊機関の手配が容易でない大会もあります。留意すべき点として、

- オリンピック開催地における宿泊施設のキャパシティについて
- スポーツイベントツアー商品の販売に影響のない範囲での開催地周辺も含めた宿泊施設の確保
- 通常時よりも仕入価格が高騰するため、宿泊施設のグレードと仕入れ価格のバランスをとった宿泊施設の仕入
- 通常の仕入れと異なり、仕入れ条件のリスクが非常に高いこと

以上のように、宿泊施設を確保するにも、開催地のさまざまな条件により通常よりもリスクが高くなり事前の綿密なマーケティングが重要です。

②の輸送機関の確保について、宿泊施設の確保と同様、世界中から多くの観戦者、関係者が集まる大会であるため、バス等の輸送機関の確保が厳しくなり仕入価格も高騰します。それと同様に留意すべき点が競技会場までの輸送経路の確認です。大規模な大会になるほどセキュリティが厳重であり一般車両が通行できない道路、エリアが存在します。スムーズな行程管理を行うことも旅行会社の重要な責務であるため、競技観戦ツアー商品を購入いただく消費者に適切な情報を提供するためにも、事前にその大会のさまざまなルールを把握しなければなりません。

最近のオリンピック競技大会では、公共交通機関を利用した競技場への移動を推進する大会が多く、その正しい情報収集、情報提供も重要な要素となっています。

(3)「支える(育てる)」スポーツイベントツアー：事例）スポーツボランティア募集

「支える（育てる）スポーツ」ツアーで代表的な例は、その大会を支えるボランティアとして参加する形態です。スポーツイベント（大会）を支えるボランティアを主目的とした商品は、筆者の知るかぎりほとんどないと思われます。大会主催者が募集する形態、特定非営利活動法人（日本スポーツボランティアネットワーク等）が募集する形態、障がい者スポーツを支えるボランティアの募集、人材バンクの構築を行っている東京都障害者スポーツ協会などが代表的な例です。

ボランティア活動を主目的とするツアー商品の造成はほとんどない理由は種々あります。一つには移動・宿泊をともなう旅行会社としてビジネスになる遠方の大会にまで参加してボランティアを行う旅行者のニーズが少ないことがあげられます。

1995年1月17日に発生した「阪神・淡路大震災」、2004年10月23日に発生した新潟県中越地震、そして2011年3月11日に発生した「東日本大震災」など未曾有の災害を経験し、日本人の「ボランティア」という意識は確実に変化しています。そして2020年オリンピック・パラリンピック東京大会に向けた準備活動とも連動した商品造成を行っていく必要もあります。

今後は、大会開催地の地域活性化のために、その地域出身者によるボランティア活動を奨励する仕組みも面白いと考えます。地方自治への参画を意識した「ふるさと納税」的な仕組みと連動させた商品造成なども、ボランティア活動を行うモチベーションアップの一つの方法ではないでしょうか。

4. スポーツイベントツアー商品造成と販売の留意点

スポーツイベントツアーの商品造成を行うにあたり販売にも当然留意する必要があります。スポーツイベントツアー商品販売の成功は、商品造成と関連の深いスポーツイベント（大会）の特殊性を熟知し、変化するトレンドを見越した商品づくりが重要です。

(1)「する」スポーツイベントツアー商品

「する」スポーツイベント（大会）のツアー商品をつくるには、以下の特性に注意しなければなりません。

①スポーツイベント（大会）自体の特性
- イベント（大会）の希少性
- 権利確保による独占販売となっているか

図5・1 ニューヨークシティマラソン参加ツアーのホームページ 〔出典：近畿日本ツーリスト〕

- 応募者の人数と人気の度合い
- 開催時期が繁忙期か閑散期であるか
- アクセスの利便性について
- 宿泊施設の規模・特徴・形態（ホテルスタイル、旅館スタイル）、仕入価格

② スポーツイベント（大会）参加者の特性
- 年齢構成からスポーツイベントが若年層向けか、高齢者が主体か
- 男女比率について
- 参加者の居住地（宿泊をともなう地域・エリアからの参加者の割合）
- 平均滞在日数

③ 該当スポーツ競技の特性
- 競技人口（愛好者の数）
- トレンド（競技性の志向が強いか、レジャー志向が強いか）
- 大会参加手続きのプロセス

(2)「観る」スポーツイベントツアー商品

「観る」スポーツイベントのツアー商品をつくるには、以下の特性に注意してください。

① スポーツイベント（大会）自体の特性
- イベント（大会）の希少性

- 権利確保による独占販売か、否か（観戦入場券確保の条件について）
- スポーツイベント（大会）の規模（収容人員について）
- スポーツイベント（大会）のレベル（国際大会、国内大会など）
- スポーツイベント（大会）の観戦者層のセグメントの把握と想定
- 開催時期が繁忙期か閑散期であるか
- アクセスの利便性について

②商品造成要素の特徴
- 宿泊施設の特徴、とくに仕入れ条件の確認（キャパシティ、形態（ホテル・旅館スタイル）仕入の希少性や価格）
- 開催地域の特性として輸送・交通機関等のインフラ環境および周辺の観光要素

③該当スポーツ競技の特性
- 総合種目競技大会か単一種目競技大会か
- 海外および日本国内での競技のレベル
- メディア・マスコミ等における取り扱い（放映の有無、新聞媒体等の告知）

(3)「支える（育てる）」スポーツイベントツアー商品

「支える」スポーツイベントのツアー商品をつくるときには、以下の特性に注意してください。

①スポーツイベント（大会）の規模（大規模な大会は多くのボランティアが必要となるため）

②ボランティア募集の諸条件（公募することが可能か）

③地域活性化、自治への参画を意識した仕組みがされているか、あるいは、その仕掛けが可能か。

スポーツイベントツアー商品販売の成功は、たんに商品の販売結果ではなく、その地域の経済的効果、社会的効果にプラスをもたらしたか、という点も重要です。宿泊、観光、飲食は直接的な経済効果の後押しになります。「する」スポーツイベントツアーに参加する目的はさまざまです。自身の心身の健康保持増進、ストレス発散など個人的な目的から仲間との連帯感の醸成、開催地域住民、ボランティア、大会関係者等との相互交流、チャリティ（スポーツをする意義）などがあります。

大会関係者、開催自治体側にとっては、直接的な経済効果だけではなく、地域住民の参画（ボランティア等）による地域アイデンティティ醸成、ツアー参加者との交流が図れる、などさまざまな社会的効果にプラスをもたらすことが可能です。

社会的効果が大きくなればなるほど経済的効果もそれにともない大きくなることを考えれば、商品造成の段階で、社会的効果の最大化を目指したアイデア・要素が提供できるよう、イベント主催者側の工夫もたいへん重要です。

表5・2　訪日旅行者　2013年/2014年　都道府県別訪問率　推移

都道府県名	2013年(%)	2014年(%)	増減	都道府県名	2013年(%)	2014年(%)	増減
北海道	7.83	7.77	−0.06	滋賀県	0.69	0.75	0.06
青森県	0.41	0.49	0.08	京都府	18.93	21.93	2.99
岩手県	0.31	0.31	0.00	大阪府	25.09	27.87	2.78
宮城県	0.95	1.02	0.07	兵庫県	6.18	6.18	−0.00
秋田県	0.26	0.27	0.00	奈良県	4.40	4.95	0.54
山形県	0.37	0.32	−0.05	和歌山県	1.30	1.47	0.17
福島県	0.41	0.38	−0.03	鳥取県	0.16	0.20	0.04
茨城県	1.05	1.14	0.09	島根県	0.17	0.16	−0.01
栃木県	1.94	2.02	0.08	岡山県	0.77	0.88	0.12
群馬県	0.73	0.73	0.00	広島県	2.97	3.43	0.46
埼玉県	1.56	1.76	0.20	山口県	0.35	0.36	0.01
千葉県	9.62	11.69	2.07	徳島県	0.22	0.20	−0.02
東京都	47.31	51.43	4.12	香川県	0.43	0.70	0.27
神奈川県	11.21	12.31	1.10	愛媛県	0.33	0.52	0.19
新潟県	0.59	0.61	0.02	高知県	0.23	0.20	−0.03
富山県	1.19	1.28	0.00	福岡県	11.03	8.92	2.12
石川県	1.59	1.52	−0.07	佐賀県	0.51	0.47	−0.05
福井県	0.19	0.22	0.03	長崎県	2.82	2.26	−0.56
山梨県	5.47	4.80	−0.67	熊本県	4.52	3.48	−1.04
長野県	3.17	2.85	−0.32	大分県	5.02	4.18	−0.84
岐阜県	2.60	2.56	−0.04	宮崎県	0.30	0.21	−0.09
静岡県	2.16	4.43	2.28	鹿児島県	0.87	0.60	−0.27
愛知県	8.46	9.15	0.69	沖縄県	3.89	4.68	0.80
三重県	0.97	0.67	−0.30				

〔出典：観光庁ホームページ「統計情報・白書」〕

さらに今後重要になるのが、海外からの参加者を意識したあるいは増やす施策です。国は2020年までに外国人旅行者数を2000万人にし、2030年までには3000万人にする、という大きな目標を掲げています。2013年に念願だった1000万人を超え、2014年は1300万人を超えました。

ただしそこで問題なのが外国人旅行者の各都道府県別の訪問率です（表5・2）。

1000万人を超えた2013年度と1300万人を超えた2014年度の外国人旅行者の都道府県別訪問率推移をみると、増えているのは大都市圏が主で、地方都市では逆に減少している都道府県が多くあります。スポーツイベントツーリズムの観点からもスポーツを目的とした外国人旅行者の増加を図ることはもちろん、いかに地域・地方への訪問率を高めるか、ということが最重要課題と考えます。

日本食（地域の伝統的な食）、温泉、歴史伝統文化体験、自然体験などをプラスしたスポーツイベントツアーの商品造成、それにともなう海外でのマーケティング・PRが急務です。

3 スポーツイベントツアーのリスクマネジメント

1. スポーツイベントツアー形態別リスク要因

　スポーツイベントツアーの特徴として、「スポーツイベント（大会）」との関係性が強いことから、「スポーツイベント（大会）」のリスクマネジメントを認識する必要があります。スポーツイベントにかかわる危険因子は、天災事故原因、人災事故原因、特殊事故原因の三つに大別できます。

(1)「する」スポーツイベントツアーの主なリスク

①天災事故原因
　「する」スポーツイベントツアーでは、地震等の天災による交通機関等公共インフラの不通・停滞やスノースポーツの場合は積雪不足等の気象要因もあります。

②人災事故原因
　ツアーの内容によっては、モータースポーツやスカイスポーツなどの危険性の高いスポーツもあります。またマラソン競技等による突発性疾病、たとえば、心筋梗塞、脱水症状、熱中症などの予防も必要です。またスポーツイベント（大会）参加のための手続き等における人為的ミスはツアー商品としては致命的です。

③特殊事故原因
　近年の世界情勢を踏まえれば、2013年4月のボストンマラソン爆弾テロのような国際テロのリスクもあります。

(2)「観る」スポーツイベントツアーの主なリスク

①天災事故原因
　「観る」スポーツイベントツアーにおいても、地震等の天災による交通機関等公共インフラの不通・停滞があります。また地震等天災によるスポーツイベント（大会）自体の中止のリスクもあります。

②人災事故原因
　人災事故のリスクとしては、サッカー観戦サポーター同士のトラブルのような観戦者同

志のトラブルがあります。また旅行会社の不正確な情報提供によって国際大型スポーツイベントでは移動手段の情報に人為的ミスが発生することがあります。

③特殊事故原因

ミュンヘンオリンピックではゲリラの襲撃を受けましたが、国際的に注目されるスポーツイベント会場ではテロによるリスクがあることも忘れてはなりません。

(3)「支える（育てる）」スポーツイベントツアーの主なリスク

①天災事故原因

まず地震等の天災による交通機関等公共インフラの不通・停滞、そして地震等天災によるスポーツイベント（大会）自体の中止が考えられます。

②人災事故原因

ボランティア参加者の研修不足などから、ボランティア業務知識の欠如による運営管理ミスが生じることもあります。該当スポーツイベント（大会）自体の知識・理解不足、または不正確な情報提供による人為的ミスも考えられます。

③特殊事故原因

他のスポーツイベントツアーと同様、昨今は国際テロにも注意するする必要があります。

(4) 権利関係のリスク

その他すべての形態にあてはまる大きなリスクは、権利関係が発生するスポーツイベント（大会）の取り扱いです。とくに大型国際スポーツイベントではブランドマネジメントが確立されているため、名称、呼称の使用に関しては厳しい制約を設けています。そのような大会に参加する、観戦するスポーツイベントツアーを取り扱う場合、大前提としてその権利を確保する契約を主催者等と締結する必要があります。逆に締結をしていない場合、該当するスポーツイベントの呼称を使用したビジネスは、アンブッシュ ▷ 用語集 行為と呼ばれ、いっさいできないルールになっています。

たとえば、毎年2月に開催されている「東京マラソン」について、自社で仕入をした宿泊機関をマラソン参加者に販売することを目的とした商行為については、「東京マラソン」という呼称は一切使用することはできません。同様に「オリンピック」「FIFA ワールドカップ」「日本代表」という呼称も権利を持たない企業は一切使用することができません。このようにスポーツイベントが商業化された今日では特定のスポーツイベントと密接な関連がある「スポーツイベントツアー」には、商品造成、販売プロセスにおけるリスク、スポーツイベントツアーの運営プロセスにおけるリスクが存在します。

2. リスクの軽減

　天災、人災、特殊事故原因ごとにリスク要因を記載しましたが、スポーツイベントツアーを取り扱う旅行会社サイドのみですべてを軽減することはできません。スポーツイベント主催者との綿密な情報共有、気象関連であれば、民間の気象会社との連携による正確な情報収集・分析、国際テロについてはリスクコントロール会社、外務省等公的機関との連携、情報収集など多方面からの情報を収集することによる正確性の向上をまずは目指すことが必要です。そしてリスク管理の体制を構築することも重要です。また、保険でカバーできるリスクがあれば、積極的に付保することが不可欠です。互助による軽減が可能なリスクもあります。昨今、日本全国で開催されているマラソン大会において、とくに大型マラソン大会では、運営関係者だけではなく、マラソンに参加するランナーを対象とした、「救命救急」の講義が受けられるプログラムを設けている大会があります。

　マラソン中にランナーの体調が急変した場合、たいへん重要なことは、その前後に走っているランナーによる初動の救急活動です。大会運営者側でも医師の伴走、救護所の設備、病院との連携などすべての体制を整えていますが、最初にその異変に気づくのは、その前後のマラソンランナーであり、沿道の応援観戦者です。とくに何万人ものランナーが参加する大型の大会では、医師が到着するまでの数分間の間に救急救命活動ができれば、疾病を軽減させる確率を上げることができます。

4 旅行・観光業の役割、課題

　スポーツイベントツアーの特徴として、スポーツイベントとの関わりあいが強いことを説明しましたが、とくに対象となるスポーツイベント主催者、および警察、消防、行政関連機関等の関係者との緊密なコミュニケーションが重要です。

　そのスポーツイベント（大会）の目的・趣旨の明確な理解、なぜスポーツイベント（大会）を開催・誘致しているのか、イベント（大会）を開催する意義などを商品造成、販売・送客に反映することがもっとも重要です。とくに大型国際スポーツイベントなど、スポーツイベント（大会）の規模、レベルによっては、大きなリスクをともなうことが想定されます。商品造成→販売・管理プロセスにおけるマーケティングが重要であるのはもちろんのこと、結果の評価、それにともなう修正・改善のプロセスにおけるノウハウの蓄積がリスクコントロールとなります。

　最近では、旅行会社がスポーツイベントツアー商品造成とあわせてスポーツイベントの運営サポートに関わるビジネスも増えています。旅行業務のパートナーである、宿泊施設、輸送機関等関係機関にも、スポーツイベントツアーの特殊性を説明し、理解を得ることによりビジネスをスムーズに効率的に行うことができます。

　"スポーツの持つ力""スポーツが与える力"に注目し、企業価値向上のためパートナー企業、スポンサー企業となる場合も今後増えてくると想像されます。たんに企業名・ロゴなどの露出にとどまることなく、そのスポーツイベントの意義、役割を十分理解し、スポーツイベントが開催される地域等への経済的効果、社会的効果の最大化を意識した仕掛けをする役割も担う必要があります。

　スポーツイベントは地域社会に対するさまざまな波及効果があります。たとえば、スポーツ（身体運動）を行うことによる健康増進、同じスポーツを愛好する仲間づくり、青少年のスポーツ活動の推進、ボランティア活動等による人材育成、コミュニティ意識の醸成、人間関係のソーシャルキャピタルの蓄積・強化、高齢者や障がい者のスポーツイベントによるユニバーサルデザインの普及等などがあるでしょう。このようなスポーツイベントが持つ・与える力とスポーツイベントツアーの対象であるスポーツイベント、スポーツイベントそのものの開催意義、求める効果をいかにスポーツイベントツアーに反映させるか、という観点が課題であり、重要な役割でもあると考えます。

（執筆：青木淑浩）

引用文献（掲載順）
- 近畿日本ツーリスト「世界のマラソン100『ニューヨークシティマラソン参加ツアー』」(http://marathon100.knt.co.jp/tour/2015/nycmarathon/index.html)
- 観光庁ホームページ「統計情報白書」(http://www.mlit.go.jp/kankocho/siryou/toukei/irikomi.html)

第6章

地域活性化とスポーツツーリズム

第21回世界空手道選手権大会より 〔提供：公益財団法人全日本空手道連盟〕

1. 受け入れ自治体からみたスポーツツーリズム

　スポーツツーリズムは、新しい観光形態ですが、宿泊業、飲食業、旅客輸送業、運輸付帯サービス業とともに、集客の魅力要素となるスポーツ・娯楽分野の雇用にも貢献します。スポーツを「する」ため、「観る」ため、そして「支える」ために、人々が域外から訪れ、滞在し、お金を使います。地域で支払われたお金は、地域経済を潤し、雇用を創出します。当然、日帰り旅行よりは宿泊をともない、レストランで食事をするような旅行を受け入れたほうが、より多くの消費活動が促進されます。とくに外国からの観光・レジャー目的の訪日外国人旅行者は、スポーツツーリズムに限定せずに試算すれば、一人一回15万8000円の消費額があることを観光庁が発表しています。日本では定住人口が減少していますが、定住者の年間消費額が125万円ですから、おおよそ訪日外国人旅行者を8人受け入れれば、定住人口の一人の減少による消費を訪日外国人がまかなうことができるとされています。このような背景があるからこそ、新たな観光促進としてスポーツをコンセプトに各地で訪日外国人旅行者の受け入れを目指す動きが加速しています。

　しかしスポーツを含むレジャーは、バブル景気後の日本のレジャー産業の停滞に見られるように景気に左右されることが示されています。そのため景気変動に負けない、つまり所得の減少を理由にスポーツ活動を中止させないだけのスポーツイベント、スポーツサービスを常に地域で提供することがスポーツツーリズム産業の継続的な発展に大事になります。またスポーツツーリズムは、地域の自然を活用した登山、スキー、海水浴などの「する」スポーツ活動から、一時的に開催されるスポーツイベントへの「する」活動と「観る」活動など多様な形態があります。さらにスポーツに関係するノスタルジックな気持ちを満たすような記念碑、博物館などを整備すれば、そこに集いたいと思う旅行者を集めることができます。「GAME」は、人が「集まる」ということが語源ですから、まさしくスポーツは人々が遠くから集うための、コンテンツになります。

　一方でスポーツツーリストを迎え入れる地域の人への影響も無視はできません。スポーツツーリストを相手にビジネスする地域の人からすれば、歓迎すべきツーリストでありますが、夜遅くまで騒いで、ごみを捨て、一時的にせよ日常業務に支障をきたし、地域の治安を脅かすようなスポーツツーリズムであれば、地域の人々からは歓迎されず、スポーツツーリズムの縮小にもつながってしまいます。実際、一時的なスポーツイベントの際には地域に住む人がイベント期間中にスポーツイベントの喧騒を避けて域外に旅行にいってしまうことも指摘されています。またスポーツイベントの時期は、観戦客による混雑と宿泊費用の高騰から、そのスポーツイベントの時期を避ける旅行者がいることも分かっています〔Preuss 2008〕。

　従来、旅行者に対応する地域の組織は、自治体の観光課や観光協会やコンベンションビューローでした。しかしスポーツツーリズムの推進のためには、これまでの観光関係部署がスポー

ツ課や保健体育課、そして地域のスポーツ組織（体育協会、各種競技団体、スポーツクラブ、スポーツ施設）、さらにはイベントに対応する地元警察や消防などとも連携することが必須になっています。これまでの観光行政は、ひたすら地域外からの誘客を、一方でスポーツ行政は地域の市民のスポーツ振興のことを考えていました。これでは地域外の人々のスポーツ熱を利用して地域外から誘客をするという施策は抜け落ちることになります。つまり地域の施設やスポーツプログラムといったスポーツ資源を充実させて、その充実したスポーツの魅力を地域の市民だけではなく、域外の人々に分配することで、その結果として地域住民のスポーツ熱を高めるという手法をスポーツ行政は知る必要があります。

　また観光行政は、これまであまり注力してこなかった地域のスポーツ資源の魅力に注目し、地域スポーツ資源の域外への発信を手掛けることが重要になります。こうした連携は実は簡単なことではありません。ヒンチとヒンガム〔Hinchi & Higham 2011〕はグローバル化の進展によってますます組織間の戦略的なパートナーシップの構築が重要になってきていることを述べていますが、ヨーロッパでも1980年代前半には観光関係業者や自治体がスポーツと観光とのリンクを意識しはじめますが、政策立案者、都市計画の専門家、公共サービスの提供者の間には「連携協働」の意識は低かったと報告しています。またイギリスでさえ、1990年代後半でも地域のスポーツ連盟と観光連盟が協働した事例は少なかったようです。日本は2010年代に入ってからですから、ヨーロッパと比較すれば、スポーツ関係者と観光関係者の連携協働は10年以上遅れて始まったことになります。

　しかし日本でもこれまで述べたように急速にスポーツと観光を戦略的に結びつけて地域の政策が作られるようになりました。そのとき真っ先に重要になることは、スポーツ関係のハード、つまりスポーツに親しむ地域の環境を、より多くの人を集めるものに改修・改築・新規整備することです。域外の人が来てみたいスポーツイベントが開催される施設やその周辺環境は、魅力的なトップレベルの選手が所属する試合が開催されたり、自分の住んでいる地域では体験できない魅力的な経験を提供できたりするスポーツ環境としてデザインされていなければなりません。これまで金太郎アメのように、日本全国どこでも類似した規格で、地域住民でも不便な場所に建設された体育館や競技場などのハードと、そこで提供されてきたサービスを、第2章にあるようにマーケティングの発想を導入して他地域と差別化した施設やエリア、そしてそこで提供される差別化されたサービスへといかに導くかが問われます。郊外型の大型小売店舗が盛況になり、中心市街地の空洞化が社会問題となっていますが、中心市街地の再開発にスポーツというコンテンツの視点を導入することもこれからは大事になると考えられます。

　スポーツツーリズムの地域への効果は、経済的な効果と社会文化的な効果があります。まず経済的な効果では、直接的に発生する費用としてスポーツイベントを開催する恒久・仮設のスポーツ施設の新改築や設置などの整備費用、スポーツイベント運営に関わる費用、イベントに参加したり観戦したりする人々の宿泊費、交通費、飲食費、物販購入費などがあります。そし

て間接的にはそれらの原材料やサービスなどの生産増とともに、さまざまな経済活動が誘発されることが考えられます。新たな経済活動は雇用に繋がり、雇用者の所得が、また新たな消費を生むという流れになります。

社会文化的な効果にはプラスの側面とマイナスの側面があります。木田・岩住〔2007〕はスポーツイベントの社会的効果として「人材の育成、スポーツの振興、地域アイデンティティの醸成、地域コミュニティの形成、各種交流促進、あるいは地域情報等の発信」などを定義しています。またジョイ・スタンデヴェンら〔Standeven & Knop 1999〕は、スポーツツーリズムの開催地や観光客に与える正と負の社会的効果について述べています。正の効果では、土地が活用されること、開催地のコミュニティへの心理的なプラス効果、文化的な理解が促進されること、地域の伝統の保存や再興、そしてスポーツ界が推し進める拘束力によって民族や人種間の平等が促進することをあげています。とくに、木田・岩住やジョイ・スタンデヴェンらが指摘する地域住民の誇りなどのアイデンティおよび共同体意識の醸成と、開催地の国や人々、そして彼らの文化に対する理解がすすむことは、地域ブランディングにも寄与することができます。

一方でマイナスの効果としてジョイ・スタンデヴェンら〔Standeven & Knop 1999〕は、地方においては農業などからスポーツサービス業に転換する際の地域の伝統的な社会構造や地域経済へのダメージをあげています。また都心部では、交通渋滞、人による混雑、騒音、ゴミ問題、犯罪などがあげられます。また地域の文化への理解が必ずしも促進されない場合もあります。たとえば、観光客の服装が必ずしも現地で受け入れられるわけではありません。海外では、ビーチリゾートでトップレスなど気軽に肌を露出する観光客がいますが、現地の文化とは相いれない場合があります。また言語の問題も地域と観光客とのマイナス感情を生じさせる一因になります。さらに地域固有の文化や伝統の変容や暴動や暴力事件などの発生をあげています。ただ、言語の課題を克服する取り組みもみられます。北海道では留学生にスキーを学んでもらい指導員としてスキー場で外国人旅行者のスキー指導にあたる工夫もしています。地域社会へのマイナスの影響は、核となるスポーツイベントの内容や規模によっても変わってきます。たとえば、リズ・フレドリン〔Fredline 2004〕はオーストラリアで開催されたインディとグランプリレースという二つのモータースポーツイベントの事例報告をしています。それによれば、交通渋滞、混雑を大きな負の効果として最初にあげています。また過剰な騒音、駐車スペースの不足、ほかに必要なことに資金が投じられなくなること、環境への影響、危険運転による事故の増加があるとしています。またマイケル・バーカー〔Barker 2004〕はスポーツイベントのツーリズムと犯罪について検証し、犯罪防止に向けた警備計画の必要性を述べています。2013年のボストンマラソンで爆弾テロ事件がありました。多くのツーリストが集まる地域ではより安全性を高めるための警備が求められています。スポーツツーリズムは、そのほかにも世界経済や為替変動、また戦争や疾病の流行などにも影響されます。グラハム・ミラーら〔Miller & Ritchie 2004〕は英国における口蹄疫のスポーツツーリズムに対する影響を報告しています。当然では

ありますが、戦争や紛争地域にスポーツツーリズムで訪れようとする旅行者は少なくなります。

2. 活性化の核となるスポーツコミッションの役割

　スポーツイベントやスポーツ合宿など、スポーツツーリズムに関連する事業を誘致、創設、支援する自治体の組織として、スポーツコミッションやその機能が類似する組織が全国で設置されています。第1章にもあるように、スポーツコミッションは、1979年にアメリカのインディアナポリスでインディアナ・スポーツ・コープとして誕生しました。インディアナ・スポーツ・コープは、スポーツを通した都市の活性化を狙った組織で、この組織は、インディアナポリス・コンベンション＆ビジターズ協会と連動して、国際大会・全米大会などのスポーツイベントの誘致などを積極的に行うことで、「アマチュアスポーツの首都」という都市イメージをつくりあげました。インディアナ・スポーツ・コープの成功を機に、全米各都市で約500のスポーツコミッション機能を持った組織ができ、相互に連携しながら積極的な活動を行います〔National Association of Sport Commissions 2012〕。

　スポーツツーリズムにもタイプがあります。たとえば、個人がゴルフのために旅行するタイプは旅行先のマーケティングをする専門家が取り組むレベルになりますが、大会のためにチームや個人で旅行するタイプでは、スポーツ大会の準備から運営、チケットセールスから協賛企業集めなどのイベント運営の専門家が必要になります。

　日本でもスポーツツーリズムを戦略的に推進する専門的な組織として、2011年10月にはじめて「さいたまスポーツコミッション」が設立されました。さいたまスポーツコミッションは、さいたま市やその周辺地域にあるスポーツ資源や観光資源を最大限活用し、各種競技大会等スポーツ関連イベントを積極的に誘致し、地域スポーツの振興と地域経済の活性化を図っています。とくに注目すべき大会としては、欧州で有名なツール・ド・フランスを運営する会社と提携したツール・ド・フランスさいたまクリテリウムがあります。この大会はさいたまスポーツコミッションが主導して誘致してきました。また地元関西経済界の主導で設立したのが、スポーツコミッション関西です。スポーツコミッション関西は、関西ワールドマスターズゲームズ(WMG) 2021の成功を目指した事業を展開しています。ほかにも表6-1に示すように全国でスポーツツーリズムによって地域活性化を図るための組織が設立されています。スポーツツーリズムの推進には、スポーツ関係組織と観光関係組織の連携協働が求められることはすでに述べましたが、注目される動きとして2015年に設立されたスポーツコミッション沖縄の事例があります。スポーツコミッション沖縄は、設立当初は沖縄コンベンションビューローが事務局機能を育て、現在は沖縄体育協会に移管されています。両組織が戦略的に協働する仕組みを構築している沖縄の事例は全国でも注目すべき取り組みです。沖縄におけるスポーツツーリズムは、一般的な沖縄観光客が減少する春先にスポーツキャンプを誘致し、観光業界の課題である季節

表 6・1 全国のスポーツコミッションおよび類似の組織

名称	設立年	活動概要	連絡先
さっぽろグローバルスポーツコミッション	2016	・国際競技大会や事前合宿、スポーツ関連会議等の誘致・開催支援	北海道 札幌市中央区北一条西3丁目 ぱらと北一条ビル8F 011-200-0905
ニセコプロモーションボード	2007	・世界各国向けのマーケティング活動や営業活動	北海道 （一社）ニセコプロモーションボード http://www.nisekotourism.com/ja/ 0136-21-2551
はなまきスポーツコンベンションビューロー	2011	・大会・合宿誘致活動、各種大会の情報共有・情報発信 ・競技開催支援事業、農業・商業・観光業との連携	岩手県 （一財）花巻市体育協会内 http://hanamaki-scb.jp/ 0198-22-3444
スポーツコミッションせんだい	2014	・全国規模のスポーツイベントを誘致 ・交流人口の拡大	宮城県
さいたまスポーツコミッション	2011	・各種競技大会等スポーツ関連イベントの誘致 ・スポーツイベント等の運営支援 ・スポーツビジネスの創出	http://saitamasc.jp/ 048-762-8473
十日町市スポーツコミッション	2013	・スポーツキャンプおよびスポーツ合宿の拠点としての地域のイメージづくり事業 ・スポーツキャンプおよびスポーツ合宿の拠点としての環境づくり事業 ・スポーツキャンプ、スポーツ合宿およびスポーツイベントの誘致および開催に関する事業 ・スポーツキャンプ、スポーツ合宿およびスポーツイベントの開催に係わるワンストップサービス事業 ・各種事業開催にともなう調査、研究および提言に関する事業	新潟県 十日町スポーツコミッション http://tokamachi-sc.jimdo.com/ 025-752-4377
新潟市文化・スポーツコミッション	2013	・文化・スポーツイベント等の誘致に関すること ・文化・スポーツイベント等の開催支援に関すること	新潟県 新潟市文化・スポーツコミッション http://www.n-csc.jp/index.html 025-229-4245
松本観光コンベンション協会	2009	・スポーツイベントの誘致、支援、開催	長野県 （一社）松本観光コンベンション協会 http://www.matsumoto-tca.or.jp/ 0263-34-3295
ふじさんスポーツコミッション協会	2014	富士山山麓および周辺地域にあるスポーツ資源やさまざまな観光資源を最大限活用し、各種競技大会、スポーツ・レジャー関連イベントの誘致、施設・宿泊・交通の手配など、さまざまなイベントサポートを行うとともに地域スポーツ振興と地域経済の活性化を図る	静岡県 NPO法人ふじさんスポーツコミッション協会 http://fujisanspocomi.com/ 〒412-0041 御殿場市ぐみ沢108-5 080-1566-9504

名称	設立年	活動概要	連絡先
あいちスポーツコミッション	2015	・スポーツ大会に関する情報収集・発信 ・スポーツ大会・合宿の招致 ・スポーツ大会を活用した地域活性化の促進	愛知県スポーツ局スポーツ課 http://aichi-sc.jp/ 052-954-6459
志摩スポーツコミッション	2013	・スポーツ関連事業者およびボランティア組織マッチング事業 ・スポーツ大会・イベント等の開催および運営支援 ・観光関連事業および地域広報事業 ・中央競技誘致事業 ・地域住民の健康促進事業	三重県 志摩市阿児町鵜方2944-254 http://shima-sc.or.jp/ 0599-44-4450
スポーツコミッション関西	2012	・インターカレッジコンペティションの開催 ・「関西ワールドマスターズゲームズ2021」組織委員会、関西広域連合の支援 ・「スポーツ＋ビジネスインキュベーションセミナー」の実施	大阪府 スポーツコミション関西事務局 http://www.sckansai.jp/ 072-229-2540
おかやまスポーツプロモーション機構	2018	・海外スポーツチームのキャンプ支援 ・スポーツツーリズム推進支援 ・地元トップスポーツチームネットワーク構築	https://www.facebook.com/SPOC.Agency/
宇部市スポーツコミッション	2014	・スポーツによる交流人口の増加と地域活性化を推進	山口県宇部市新天町2-8-6 0836-39-7653
佐賀県スポーツコミッション	2013	・スポーツイベント誘致 ・スポーツ合宿誘致	佐賀県スポーツ課 https://www.saga-sc.jp/ 0952-25-7359
スポーツランドみやざき推進協議会	1996	・スポーツキャンプ誘致	宮崎県商工観光労働部経済交流局観光推進課 0985-26-7103
スポーツコミッション沖縄	2015	・コンサルティング（コーディネート業務） ・市町村・競技団体・各種関連企業および団体との連携 ・マーケティング ・情報発信 ・プロモーション活動 ・支援 ・招聘	沖縄県体育協会 http://www.sports-commission.okinawa/

性対策にもなっています。地域の人々のスポーツ需要との調整を図りながら、県外からのスポーツツーリストを迎え入れる発想は、沖縄体育協会にとって新たな挑戦と言ってよいでしょう。

3. スポーツツーリズムによる地域のブランディング

　スポーツを通じた都市の活性化は、都市の経営戦略のなかにスポーツ観戦者やスポーツ参加者を増やすためのスポーツ事業を位置づけ、都市の「社会資本の蓄積」、地域内外の人々の「消費の誘導」、地域住民の「地域連帯感の向上」、スポーツを通じた健康で元気あふれる豊かな「都市イメージの向上」を目指すことです。

　ホール〔Hall 2004〕は、これまでスポーツはたとえば青少年犯罪のような社会問題を解決するための機能があり、またスポーツ関連の学問の世界でも健康的なレクリエーションの伝統だとされてきたために、政府の政策策定にも大きな影響を与えてきたとしています。とくに英国の文化メディアスポーツ省〔Department of Culture, Media & Sport 1999〕の報告では、コミュニティをよくすることで地域再生に貢献し、「健康」「犯罪」「雇用」「教育」の重要な指標を向上させることができるとされています。

　スポーツ観戦者やスポーツ参加者を増やすためには、集客が見込まれる既存のスポーツイベントを国内外から誘致するだけではなく、独自に新しいスポーツイベントを企画して実施していくことも必要になります。しかし一方で、スポーツイベントの地域活性化に対する経済効果がはっきりとした科学的根拠によるものではないという指摘もあります。このことからスポーツイベントが地域活性化に経済的にもオールマイティではないことも含んでおかなければなりません。日本においてもスポーツツーリズムの経済効果については、しっかりとした調査と試算が必要でしょう〔Hall 2004〕。

　では地域のイメージや地域のブランドを強化するスポーツツーリズムは、どのようなことを考えればよいでしょうか。チャリップ〔Chalip 2004〕は、投資効果を最大化するためのレバレッジを効かせることを提唱しています。まず直近に迫ったスポーツイベントに対しては、スポーツイベントに来客する観光客の消費額を最大化すること、地産のモノやサービスの供給網を利用すること、そして新たな市場をつくることをうまく作りこむ活動があります。そして長期的にレバレッジを効かせるためには、市場における地域のブランド力向上のためにスポーツイベント開催地を旅先としてイメージづくりすることが大事になります。

　レバレッジを効かせるための機会は、イベント来場者とそれに付随するモノやサービスの商売、そしてスポーツイベントを報道するメディアから生まれてきます。つまり戦略的な目標は、全体的なモノやサービスの商売と収入を最適化し、地域のイメージを向上することになります。商売と収入は、観光客の消費支出、来客の滞在の長期化、スポーツイベントの支出の維持、ビジネスの関係の強化によって達成されます。

そして地域のイメージは、スポーツイベントの広告・宣伝やレポートを通じてひろめ、そしてイベントを地域の広告・宣伝やプロモーションに使うことによって高めていくことができます。スポーツツーリストが現地へ赴き、宿泊を重ね、チケットやお土産、飲食で消費額を高めるために、たんにスポーツイベントだけではなく、そのイベントに集まる人のネットワークに近づき、新しいビジネスがそこから生まれるような「ビジネスクリエーション」のための人が集まるプラットフォームになることが大事です。そのためにはビジネスが生まれてくるための人と情報の出会いの場となる社交のための空間、つまりスポーツ施設のなかやそれ以外にもビジネスを創造するビジネスマンや投資家が足を運びたくなるような場所・空間と地域のイベントを連動させ、多くの会議や会合を同時期に開催することはよい方法でしょう。

　こうしたスポーツイベントとさまざまな会議や会合が連動する地域は、スポーツツーリストの滞在中の経験を豊かにすることにもなります。岡部〔2015〕は自身が訪問したF1のアブダビグランプリについて「世界中からの富とパワー（金、ブランド、巨大会社、富豪、パワーエリート、有名人、豪華客船、スポーツカー等々）を肌で感じ」たことを述べています。つまり「人・物・金・情報が循環するプラットフォームビジネス」としてスポーツイベントを地域に作り込むことでスポーツツーリズムのレバレッジが効いてくるのです。

　さらに情報発信をさまざまなメディアで行うことはもちろんですが、招きたい人々に対して直接アピールをすることで、地域のブランドを認識してもらうことが大事です。待っていても観光客は来てくれません。積極的に地域のブランドをPRしていくために、近年は外国に自治体の事務所を構えることも増えています。自治体国際化協会の調査によれば、2018年9月時点で拠点数は222カ所で、設置先は14カ国・地域となっています。シンガポールにある日本自治体等連合シンガポール事務所は、佐賀県武雄市、福岡県鞍手町と大刀洗町、香川県宇多津町、新潟県燕三条地場産業振興センター、鹿児島県薩摩川内市、富山県南砺市が共同でつくった事務所ですが、小さな組織でも共同で世界に拠点を持ち、インバウンド観光客の誘致を図っている事例としてあげられます。地域で開催されるスポーツイベントを直接海外の事務所で現地の旅行代理店に売り込み、スポーツ政策と観光政策を融合させていく取り組みがこれからは必要になるでしょう。

（執筆：高橋義雄）

引用文献（掲載順）
- Preuss, Holger (2008) 'The Economic Impact of Visitors at Major Multi-Sport Event', *Sport & Tourism A Reader*, Routledge
- Hinchi, Tom & Higham, James (2011) *Sport Tourism Development 2nd edition*, Channel View Publications
- 木田悟・岩住希能（2007）「世代を超える社会的効果の意味」『スポーツで地域をつくる』（堀繁・木田悟・薄井充裕編）、東京大学出版会
- Standeven, Joy & Knop, Paul De (1999) *Sport Tourism*, Human Kinetics
- Fredline, Liz (2004) 'Host Community Reactions to Motorsport Events: The Perception of Impact on Quality of Life',

Sport Tourism Interrelationships, Impacts and Issues, Channel View Publications
- Barker, Micheael (2004) 'Crime and Sport Events Tourism: The 1999-2000 America's Cup', *Sport Tourism Interrelationships, Impacts and Issues*, Channel View Publications
- Miller, Graham A. & Ritchie, Brent W. (2004) 'Sport Tourism in Crisis: Exploring the Impact of the Foot-and-Mouth Crisis on Sport Tourism in the UK', *Sport Tourism Interrelationships, Impacts and Issues*, Channel View Publications
- National Association of Sports Commissions (2012) *Report on The Sports Travel Industry*
- Department of Culture, Media & Sport (1999) *Policy Action Team 10: Report to the Social Exclusion Unit- Art and Sport*
- Hall, C. Michael (2004) 'Sport Tourism and Urban Regeneration', *Sport Tourism Interrelationships, Impacts and Issues*, Channel View Publications
- Chalip, Laurence (2004) 'Beyond Impact: A General Model for Sport Event Leverage', *Sport Tourism Interrelationships, Impacts and Issues*, Channel View Publications
- 岡部恭英（2015）「プラットフォームビジネス」『Soccer Magazine Zone』No. 3、ベースボール・マガジン社
- Preuss, H. (2008) 'The Economic Impact of Visitors at Major Multi-sport Events', *Sport & Tourism A Reader*, pp. 296 - 313, Routledge

用語集・参考文献・索引

用語集

アンブッシュ	アンブッシュ・マーケティングと呼ばれる。大会主催者から公式の権利を購入せずに無許可で行われるマーケティング活動。
いぶすき菜の花マラソン	毎年1月の第2日曜日に開催する日本で一番早いフルマラソン公認コースの市民マラソン。コースには、黄色い菜の花畑が広がる。現在では、約2000人のボランティアと市民総出の応援とおもてなしが魅力となっている。
観光基本法	観光に関する法律で1963年に公布施行、1983年に一部改正された。その後観光基本法は全部改正され、観光立国推進基本法が2006年に制定され、2007年1月1日から施行された。
観光立国実現に向けたアクション・プログラム2014	内閣総理大臣が主宰する観光立国推進閣僚会議において2014年に決定されたプログラム。「2020年オリンピック・パラリンピック東京大会」の開催を絶好の機会として、さらなる観光立国の推進を図るべく、2020年に向けて訪日外国人旅行者数2000万人を目指すこととした。
観光立国推進基本計画	観光立国推進基本法に基づき、2012年3月に閣議決定した観光立国の実現に関する基本的な計画。
観光立国推進基本法	1963年に公布施行、1983年に一部改正された観光基本法を全部改正し、2006年に制定され、2007年1月1日から施行された観光に関する基本法。
国際観光振興機構（日本政府観光局）	前身の機関が1959年に特殊法人日本観光協会として発足。2003年に独立行政法人国際観光振興機構（Japan National Tourism Organization：JNTO）となる。日本政府観光局とも呼ばれる。
笹川スポーツ財団	スポーツの振興に関する調査研究、人材育成、自治体との連携、啓発活動を行い、『スポーツ・フォー・エブリワン』をスローガンに、国民一人ひとりのスポーツライフを豊かにし、明るく健康に満ちた社会づくりを目指す公益財団法人。

産業遺産	歴史的、技術的、社会的、建築学的、あるいは科学的価値のある産業文化の遺物のこと。
情報通信白書	総務省が情報通信の分野の産業現況や政策動向などを取りまとめて年次で刊行する文書。
スキャンパー（SCAMPER）法	ボブ・エバールによって開発された七つの質問からなる強制連想型アイデア発想法。
スポーツ基本計画	「スポーツ基本計画」は、スポーツ基本法の規定に基づき、2012年3月に策定された。スポーツ基本法の理念を具体化し、今後のわが国のスポーツ施策の具体的な方向性を示す重要な指針。
スポーツ基本法	1961年に制定されたスポーツ振興法を全部改正し、2011年に施行されたわが国のスポーツに関する基本法。スポーツの基本理念を定めるとともに、国および地方公共団体の責務ならびにスポーツ団体の努力等を明らかにしている。
スポーツツーリズム推進基本方針	2011年に観光庁が定めたわが国のスポーツツーリズムの推進に向けた基本的方向を示した文書。
スポーツツーリズム推進連絡会議	2010年に観光庁が関係省庁やスポーツ、観光分野に呼びかけたスポーツ観光推進のための会議。会議の最終総括として、「スポーツツーリズム推進基本方針」を取りまとめた。
スポーツランドみやざき推進協議会	1996年に宮崎県、旅館組合、県観光協会等により設立された協議会。「スポーツランドみやざき推進協議会」は、官民一体となった広報や受け入れ体制整備、スポーツイベント開催等によるキャンプ・合宿誘致活動を行っている。
世界観光機関 (The World Tourism Organization : UNWTO)	責任ある永続的な世界規模のアクセス可能なツーリズムの推進を担う立場の国連の機関。経済成長、あまねく広がる開発、環境的な持続性の先導役としてのツーリズムを推進し、リーダーシップを発揮して、世界の最先端の知見と観光政策により観光部局のサポートを行っている。156の加盟国があり、日本政府は1978年にメンバーとなっている。
全国健康福祉祭 （ねんりんピック）	厚生労働省、開催都道府県（政令指定都市）、一般財団法人長寿社会開発センターの三者共催により開催するスポーツや文化種目の交流大会で、1983年から開始された。

全国スポーツ・レクリエーション祭（スポレク祭）	文部科学省、日本体育協会、日本レクリエーション協会、全国体育指導委員連合と開催都道府県の共催で、1988年から2011年まで開催されていた日本のレクリエーションの祭典。
日本スリーデーマーチ	1978年群馬で開始され、1980年から埼玉県東松山市に開催地を変更して開催されているウォーキング大会。日本最大規模で、全国各地で行われるようになったウォーキング大会の先駆的なイベント。
日本ツーリズム産業団体連合会（TIJ）	2011年4月1日から㈳日本ツーリズム産業団体連合会（TIJ）は、㈳日本観光協会と合併し㈳日本観光振興協会となった。
ブルガーゲマインデ・ツェルマット	ツェルマット（スイス）にある住民が組織した行政とは別の地域共同体で、鉄道、ホテル、レストランを経営し、一方でツェルマット観光局は、マーケティング、プロモーション、セールスを担当している。
ブレインストーミング	アメリカ人のアレックス・F・オズボーンによって開発された自由発想法。
ベッド税	宿泊するベッドに課税する税金。そのほかホテル税など宿泊にかかる税金もある。
マクロ環境	経営環境分析に用いる概念で、マクロ環境は業界外の環境を示す。マクロ環境は、企業が直接コントロールできない要因であり、自然環境、社会環境、文化、人口動態、政治、経済、産業構造、金融、労働市場、先端技術などが含まれる。
ミクロ環境	経営環境分析に用いる概念で、ミクロ環境には、需要動向、顧客動向、競合動向、製品関連技術、原材料市場と供給業者の動向、協力業者、株主、その他の利害関係者の動向などが含まれる。
ライツホルダー	スポーツイベントのスポンサーシップ、放映権、商品化権などの権利を主催者から購入し保有する組織や人のこと。

参考文献

『図表で見るスポーツビジネス』
佐野昌行・黒田次郎・遠藤利文 編著
叢文社｜2,000円（税別）｜ISBN978-4-7947-0724-6

巨大産業となったスポーツビジネスを一目でわかる図表で紹介しています。

『まちづくりの創造 ―ソーシャル・コミュニケーションと公益ビジネスの視点から』
中谷常二・渡辺広之 編著
晃洋書房｜2,600円（税別）｜ISBN978-4-7710-2038-2

ソーシャル・コミュニケーションと公益ビジネスの視点からのまちづくりがわかります。

『まんぷくローカルマラソン旅』
たかぎなおこ 著
KADOKAWA｜1,100円（税別）｜ISBN978-4-04-067037-9

全国の市民マラソンの参加レポートが漫画によって説明されています。マラソン大会に参加してその地域を楽しむための指南書です。

『スローサイクリング ―自転車散歩と小さな旅のすすめ』
白鳥和也 著
平凡社｜880円（税別）｜ISBN978-4-582-85284-4

自転車で小旅行を楽しむための入門書。「サイクリストを受入れるまちづくり」のヒントがつまっています。

『観光・レジャー施設の集客戦略 ―利用者行動からみた！人を呼ぶ"魅力的な空間"づくり』
山口有次 著
日本地域社会研究所｜2,500円（税別）｜ISBN978-4-89022-882-9

観光・レジャー分野の施設や空間に関する専門家が、スポーツイベント空間についても工学的な視点から分析した一冊です。

『スポーツマーケティング』
原田宗彦 編著／藤本淳也・松岡宏高 著
大修館書店｜2,000 円（税別）｜ISBN978-4-469-26659-7

スポーツ消費者行動について理解し、スポーツを通じたビジネスを理解するための解説書です。

『スポーツマネジメント』
原田宗彦・小笠原悦子 編著
大修館書店｜1,900 円（税別）｜ISBN978-4-469-26669-6

スポーツに関するマネジメントについてスポーツの実践現場の分析から解説した初学者向きの一冊です。

『スポーツ・ヘルスツーリズム』
原田宗彦・木村和彦 編著
大修館書店｜2,000 円（税別）｜ISBN978-4-469-26693-1

スポーツツーリズムのとらえ方から始まり、その仕組みについて研究結果を踏まえて解説している入門書です。

『スポーツ産業論 第6版』
原田宗彦 著
杏林書院｜2,500 円（税別）｜ISBN978-4-7644-1588-1

最新のスポーツ産業について把握し、これからのスポーツ産業について理解を深める実用的な一冊です。

『スポーツイベントの経済学 ―メガイベントとホームチームが都市を変える』
原田宗彦 著
平凡社｜740 円（税別）｜ISBN978-4-582-85145-8

国際的なメガスポーツイベントとりあげた、豊かな都市生活のためのスポーツイベント経済学の入門的な一冊です。

『Jリーグマーケティングの基礎知識』
原田宗彦・押見大地・福原崇之 著
創文企画｜1,600 円（税別）｜ISBN978-4-86413-042-4

地域密着を掲げ、100年構想を持って活動しているJリーグのマーケティングについて理解できます。

『オリンピックマーケティング —世界 No.1 イベントのブランド戦略』
アラン・フェラン、ジャン=ルー・シャペレ、ベノワ・スガン 著／原田宗彦 監修
スタジオタッククリエイティブ｜ 2,300 円（税別）｜ ISBN978-4-88393-613-7

オリンピックのマーケティングの原則を理解し、オリンピックの価値共創の仕組みについて明らかにした一冊です。

『スポーツで地域を拓く』
木田悟・髙橋義雄・藤口光紀 編
東京大学出版会｜ 3,000 円（税別）｜ ISBN978-4-13-053020-0

スポーツがもつ多様な機能を説明し、スポーツを通じた地域活性化のためのデザインについて紹介しています。

『スポーツで地域をつくる』
堀繁・木田悟・薄井充裕 編
東京大学出版会｜ 3,200 円（税別）｜ ISBN978-4-13-053015-6

地域社会再生に寄与するスポーツについて豊富な調査結果をもとに説明しています。

索引

■英数

- AIDEES モデル ……………………………… 58
- AIDMA モデル ……………………………… 57
- AISAS モデル ……………………………… 58
- *Journal of Sports Tourism* ………………… 3
- PDCA サイクル ……………………………… 95
- PEST ………………………………………… 44
- PMBOK ……………………………………… 89
- SCAMPER 法 …………………………… 81、125
- SNS …………………………………… 32、48
- SWOT 分析 ………………………………… 45
- 2020 年オリンピック・パラリンピック東京大会 …104
- 3C（Customer, Competitor, Company）……… 45

■あ

- アウェイサポーター …………………… 36、38
- アウトバウンド ……………………………… 13
- 安全管理 …………………………………… 91
- アンブッシュ行為 ……………………… 109、124
- いぶすき菜の花マラソン ……………… 13、124
- イベントの評価 …………………………… 94
- インバウンド ……………………………… 13、68
- インバウンド観光 ………………………… 23
- エクストリームスポーツ ………………… 33
- エンデュアランス ………………………… 34

■か

- カナダ・スポーツツーリズム・アライアンス ……22
- カヤッキング ……………………………… 32
- カルチュアル・オリンピアード ………… 25
- 観光立国実現に向けたアクション・プログラム 2014
  …………………………………………… 14、124
- 観光立国推進基本計画 ………………… 14、124
- 観光立国推進基本法 …………………… 14、124
- 関西ワールドマスターズゲームズ 2021 ……117
- キャニオニング …………………………… 32
- 協賛企業 …………………………………… 102
- 口コミ ……………………………………… 32
- 経済効果 …………………………… 18、22
- 経済波及効果 ……………………………… 67
- 工程管理 …………………………………… 91
- 行動要因 …………………………………… 45
- 国際オリンピック委員会 ………………… 12
- 国際観光振興機構（日本政府観光局）……124
- 国民体育大会 ……………………………… 79
- コンベンションビューロー ……………… 13、22

■さ

- さいたまスポーツコミッション ………… 21
- 笹川スポーツ財団 ……………………… 31、124
- 産業遺産 ………………………………… 31、125
- 自治体国際化協会 ……………………… 121
- 社会心理的要因 …………………………… 45
- 受注型企画旅行 …………………………… 101
- 情報通信白書 …………………………… 58、125
- 人口統計的要因 …………………………… 45
- スイーツマラソン ………………………… 82
- スキャンパー（SCAMPER）法 ………… 81、125
- スポーツ遺産 ……………………………… 66
- スポーツ合宿 …………………………… 17、66
- スポーツ基本計画 ………………………… 125
- スポーツ基本法 …………………………… 125
- スポーツコミッション …………………… 22
- スポーツコミッション沖縄 ……………… 117
- スポーツツーリズム推進基本方針 …12、14、125
- スポーツツーリズム推進連絡会議 ……14、125
- スポーツランドみやざき協議会 ………18、125
- 世界観光機関（UNWTO）……………… 12、125

セグメント　45
全国健康福祉祭　79、125
全国高校総合体育大会　79
全国障害者スポーツ大会　79
全国スポーツ・レクリエーション祭　79、126
全米スポーツコミッション協会　22

■た

ターゲット　45
地域ブランディング　116
地理的要因　45
ツアー商品　98
ツール・ド・フランス　40
デスティネーション・マーケティング／マネジメント・オーガニゼーション　14、22
手配旅行　101
トライアスロン　17、20、36
トレイルラン　36
トレイルランニング　17

■な

ニセコリゾート観光協会　49
日本自治体等連合シンガポール事務所　121
日本スポーツツーリズム推進機構　14
日本スリーデーマーチ　13、126
日本政府観光局　68、124
日本ツーリズム産業団体連合会　126
日本標準産業分類　72
ニューエンデュアランススポーツ　34
㈱野沢温泉　50
野沢温泉観光協会　50

■は

パブリシティ　47
バリアフリー　15
販売志向　43
ヒルクライム　17
ヒルクライムレース　36
品質管理　91
ピンボック（PMBOK）　89

フィルムコミッション　86
ブルガーゲマインデ・ツェルマット　23、126
ブレインストーミング　81、126
プレミアリーグ　37
プロジェクトマネジメント　88
ベッド税　22、126
訪日外国人旅行者　14
募集型企画旅行　101
ホノルルマラソン　13、20
ボランティアツーリズム　12、15

■ま

マーケット・セグメンテーション　45
マーケティング　42
マーケティング志向　43
マーケティング・ミックス　46
マクロ環境　44、126
メドックマラソン　82
マリンスポーツ　32
ミクロ環境　44、126
ミュージアム　66

■や・ら

予算管理　91
ライツホルダー　21、126
ラグビーワールドカップ　25
ラフティング　32
旅行代理店　86
ロッテルダム・トップ・スポーツ　22

おわりに

　本書は、日本スポーツツーリズム推進機構が初めて出版する、スポーツツーリズム実践者のための入門書です。第1章では、スポーツツーリズムの全体像を把握し、さらに実践的な知識を得るためにスポーツツーリズムとは何かについて紹介しました。我が国では、これまでもスポーツを「する」ため、「観る」ために多くの人々が、夏には海水浴、山登り、冬にはスキーに、そして母校の応援に甲子園に出かけていました。また学校では林間学校、臨海学校、スキー教室で旅行し、また運動部は合宿のために避暑地や暖地に移動していました。しかし近年では、より多くの人々がスポーツを「する」・「観る」ために移動することが日常化するようになりました。そうした社会的な変化を感じ、スポーツツーリズムを推進する仕組みについても取り上げています。

　第2章では、スポーツツーリズムを成立させている基本構造を紹介しています。スポーツツーリスト側の参加動機など研究も進んできました。またマーケティングの発想が非常に重要になっていることは他の産業分野と同様です。

　第3章では、スポーツツーリストをより具体的に分析しています。スポーツツーリストが旅に出ようと意思決定する仕組みをつくることで、より多くのスポーツツーリストを受け入れることができるのではないでしょうか。また今日では海外からのインバウンド旅行者の増加策が求められます。スポーツツーリズムもインバウンド旅行者の増加に大いに貢献できると思います。

　第4章では、スポーツツーリズムを創出するために必要なスポーツイベントをつくりあげるための知識を得ることを目的として執筆されています。これからはスポーツイベントのアイデアを企画に落とし込み、実現するためのプロデュース方法を学ぶことがスポーツツーリズムの関係者として大事になります。またスポーツイベントもやりっぱなしではいけません。スポーツイベント自体を評価し、PDCAサイクルを回してよりよいスポーツイベントとすることがスポーツツーリズムの振興にもつながるでしょう。

　第5章では、スポーツ愛好者のツアーを造成するためのツアー企画の視点から書かれています。スポーツイベントのツアーは旅行業務でもあり、スポーツツーリズムには交通機関、ホテル、旅行代理店などが欠かせません。スポーツイベントをツアーの対象とすることのリスクについて紹介されていますので、これからツアーを企画・造成しようとする方には参考になると思います。

第6章では、スポーツツーリズムが地域活性化に好影響を与えるための方策について地方自治体の視点、さらには現場となるスポーツコミッションについて紹介しています。

　スポーツツーリズムはアイデアと実行力次第で地域に大きなインパクトを与えます。地域活性化のために本書が役立つことを願ってやみません。最後になりますが、執筆者を代表して本書の刊行にあたってご尽力を賜った学芸出版社の前田裕資氏に心からお礼を申し上げます。

2015年6月30日
筑波大学／一般社団法人日本スポーツツーリズム推進機構常任理事　髙橋義雄

略歴

【編者】
一般社団法人 日本スポーツツーリズム推進機構 (Japan Sport Tourism Alliance：JSTA)
2011年6月に観光庁がとりまとめた「スポーツツーリズム推進基本方針」で掲げられる方針に則り、今後のスポーツツーリズム推進の中心となるオールジャパンの組織として2012年にスタートしました。
スポーツおよび観光にかかわる多くの方々・地方公共団体の実務担当者の方々が、スポーツを活用した観光まちづくり、大会・合宿の招致・開催、地域資源を生かした旅行商品化などに取り組む際に、ネットワークやノウハウを提供し、幅広く活用されることを目指しています。

【執筆者】

髙橋義雄（たかはし よしお） ［執筆代表、第6章、おわりに］
筑波大学体育系准教授。

青木淑浩（あおき よしひろ） ［第5章］
近畿日本ツーリスト株式会社地域誘客事業部長・スポーツ事業部部長。

岡星竜美（おかぼし たつみ） ［第4章］
東京富士大学経営学部イベントプロデュース学科教授、一般社団法人日本イベント産業振興協会（JACE）認定研究員。

工藤康宏（くどう やすひろ） ［第1章1節］
順天堂大学スポーツ健康科学部先任准教授。

二宮浩彰（にのみや ひろあき） ［第3章］
同志社大学スポーツ健康科学部教授。

原田宗彦（はらだ むねひこ） ［はじめに、第1章2節、第2章1節］
早稲田大学スポーツ科学学術院教授。

松岡宏高（まつおか ひろたか） ［第2章2節］
早稲田大学スポーツ科学学術院教授。

山下　玲（やました れい） ［第1章2節］
早稲田大学大学院スポーツ科学研究科。

スポーツツーリズム・ハンドブック

2015 年 8 月 10 日　第 1 版第 1 刷発行
2020 年 2 月 10 日　第 1 版第 2 刷発行

編　者 ……… 一般社団法人日本スポーツツーリズム推進機構
発行者 ……… 前田裕資
発行所 ……… 株式会社 学芸出版社
　　　　　　　京都市下京区木津屋橋通西洞院東入
　　　　　　　電話 075-343-0811　〒600-8216
装　丁 ……… KOTO DESIGN Inc. 山本剛史
印　刷 ……… 創栄図書印刷
製　本 ……… 新生製本

Ⓒ一般社団法人 日本スポーツツーリズム推進機構　2015　　　　Printed in Japan
ISBN 978-4-7615-2602-3

JCOPY 〈(社)出版者著作権管理機構委託出版物〉
本書の無断複写（電子化を含む）は著作権法上での例外を除き禁じられています。複写される場合は、その
つど事前に、(社)出版者著作権管理機構（電話 03-5244-5088、FAX 03-5244-5089、e-mail: info@jcopy.or.jp）の
許諾を得てください。
また本書を代行業者等の第三者に依頼してスキャンやデジタル化することは、たとえ個人や家庭内での利用
でも著作権法違反です。

好評発売中

体験交流型ツーリズムの手法
地域資源を活かす着地型観光

大社充 著

四六判・192頁・定価 本体1600円+税

2008年10月に観光庁が新設されるなど、観光・交流による地域再生への期待は高い。そこではエコ、グリーン、ブルー、長期滞在、産業観光等、地域資源を活かし、地域で取り組むニューツーリズムが主役だ。そのプログラムづくりの秘訣、地域に求められる人材、組織づくりの考え方を、20年にわたる豊富な経験からまとめた待望の書。

ＣＳＶ観光ビジネス
地域とともに価値をつくる

藤野公孝・高橋一夫 編著

A5判・264頁・定価 本体2800円+税

社会的課題やニーズに対応し、社会を豊かにしながら企業利益を得るCSV（Creating Shared Value）というポーターの考え方が注目されている。地域を豊かにすることもあれば荒廃させることもある観光において、いかに地域とともに共通価値をつくり出すか。13の実践例を軸に研究者と現場からの報告でまとめた初めての入門書。

地域プラットフォームによる観光まちづくり
マーケティングの導入と推進体制のマネジメント

大社充 著

A5判・240頁・定価 本体2600円+税

いま、プラットフォーム型の観光まちづくり組織の顧客志向の取り組みが、従来の観光行政、観光協会の弱点を克服し成果をあげている。本書ではその組織のあり方、実践的なマーケティング手法、地域ぐるみで取り組む推進体制のマネジメントの仕組みを示す。地域の観光事業者、NPO、観光協会、DMO、自治体関係者必読の書。

観光ビジネスの新潮流
急成長する市場を狙え

千葉千枝子 著

四六判・268頁・定価 本体2300円+税

近年、観光の概念・枠組みが広がり、異業種・他産業と組んでビジネスに結びつける動きが加速。産業観光、文化観光、医療観光、スクリーンツーリズム、スポーツツーリズム、MICE、ロングステイ等、新しい観光の潮流を豊富な国内外の事例を交えて紹介。観光資源の多様化、販売流通の革新がもたらした成長市場を検証する。

「まち歩き」をしかける
コミュニティ・ツーリズムの手ほどき

茶谷幸治 著

四六判・184頁・定価 本体1700円+税

コミュニティ・ツーリズムの決定版として取り組まれている「まち歩き」の入門書。基本的な考え方から、実際に「まち歩き」をしかけて実施する場合の手順、まちの見方、作法、工夫を実例に沿って説く。「長崎さるく博」「大阪あそぼ歩」のプロデューサー、まち歩きをこよなく愛する達人による観光関係者、ガイドさん必携の書。

観光ガイド事業入門
立ち上げ、経営から「まちづくり」まで

藤崎達也 著

四六判・204頁・定価 本体1800円+税

面白そうなガイドツアーを「作れば売れる」という考えは甘い。その商品が世に出ていくには様々なノウハウが必要だ。①ガイド事業の経営、②ガイドを育成・成長させていくマネジメント、③行政等に検討してもらいたい環境整備の3つの観点から、これまでの実践を踏まえて、事業を継続し成功に導くポイントをまとめた一冊。

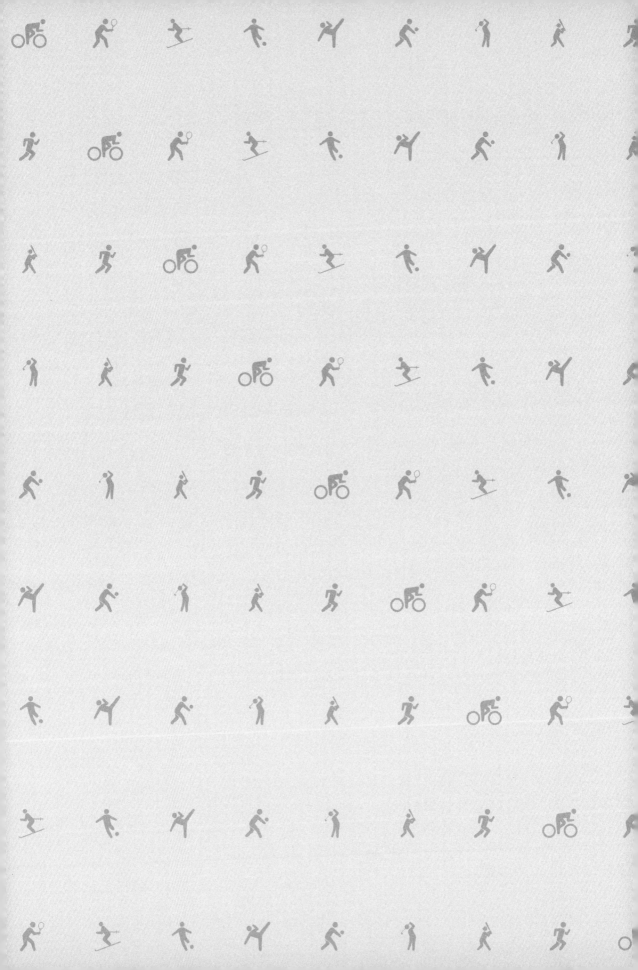